LOS INTERESES CREADOS

SEÑORA AMA

COLECCIÓN AUSTRAL
N.º 34

JACINTO BENAVENTE

LOS INTERESES CREADOS
—
SEÑORA AMA

VIGÉSIMA SEGUNDA EDICIÓN

ESPASA-CALPE, S. A.
MADRID

Ediciones especialmente autorizadas por los herederos del autor para la

COLECCIÓN AUSTRAL

Primera edición:	1 - III	- 1938
Segunda edición:	10 - XI	- 1939
Tercera edición:	22 - VII	- 1941
Cuarta edición:	15 - I	- 1943
Quinta edición:	11 - XII	- 1943
Sexta edición:	30 - IV	- 1945
Séptima edición:	10 - I	- 1947
Octava edición:	22 - XII	- 1947
Novena edición:	10 - X	- 1949
Décima edición:	23 - I	- 1952
Undécima edición:	23 - I	- 1953
Duodécima edición:	28 - VIII	- 1956
Decimotercera edición:	15 - X	- 1958
Decimocuarta edición:	20 - IX	- 1961
Decimoquinta edición:	14 - X	- 1963
Decimosexta edición:	10 - XII	- 1963
Decimoséptima edición:	16 - IX	- 1965
Decimoctava edición:	17 - XI	- 1967
Decimonona edición:	17 - VII	- 1969
Vigésima edición:	19 - VIII	- 1972
Vigésima primera edición:	14 - IV	- 1976
Vigésima segunda edición:	5 - II	- 1977

© Herederos de Jacinto Benavente, 1938

———

Depósito legal: M. 2.585—1977

ISBN 84—239—0034—7

Impreso en España
Printed in Spain

Acabado de imprimir el día 5 de febrero de 1977

Talleres gráficos de la Editorial Espasa-Calpe, S. A.
Carretera de Irún, km. 12,200. Madrid-34

LOS INTERESES CREADOS

COMEDIA DE POLICHINELAS,
EN DOS ACTOS, TRES CUADROS Y UN PRÓLOGO

*A don Rafael Gasset, su
afectísimo*

JACINTO BENAVENTE

Esta obra se estrenó en el Teatro Lara, de Madrid, el día 9 de diciembre de 1907

P E R S O N A J E S

DOÑA SIRENA
SILVIA
LA SEÑORA DE POLICHINELA
COLOMBINA
LAURA
RISELA
LEANDRO
CRISPÍN
EL DOCTOR
POLICHINELA
ARLEQUÍN
EL CAPITÁN
PANTALÓN
EL HOSTELERO
EL SECRETARIO
MOZO 1.º DE LA HOSTERÍA
MOZO 2.º
ALGUACILILLO 1.º
ALGUACILILLO 2.º

La acción pasa en un país imaginario, a principios del siglo XVII

ÍNDICE

ACTO PRIMERO

PRÓLOGO

Telón corto en primer término, con puerta al foro, y en ésta un tapiz. Recitado por el personaje CRISPÍN

He aquí el tinglado de la antigua farsa, la que alivió en posadas aldeanas el cansancio de los trajinantes, la que embobó en las plazas de humildes lugares a los simples villanos, la que juntó en ciudades populosas a los más variados concursos, como en París sobre el Puente Nuevo, cuando Tabarín desde su tablado de feria solicitaba la atención de todo transeúnte, desde el espetado doctor que detiene un momento su docta cabalgadura para desarrugar por un instante la frente, siempre cargada de graves pensamientos, al escuchar algún donaire de la alegre farsa, hasta el pícaro hampón, que allí divierte sus ocios horas y horas, engañando al hambre con la risa; y el prelado y la dama de calidad, y el gran señor desde sus carrozas, como la moza alegre y el soldado, y el mercader y el estudiante. Gente de toda condición, que en ningún otro lugar se hubiera reunido, comunicábase allí su regocijo, que muchas veces, más que de la farsa, reía el grave de ver reír al risueño, y el sabio

al bobo, y los pobretes de ver reír a los grandes
señores, ceñudos de ordinario, y los grandes de
ver reír a los pobretes, tranquilizada su conciencia
con pensar: ¡también los pobres ríen! Que nada
prende tan pronto de unas almas en otras como
esta simpatía de la risa. Alguna vez, también su-
bió la farsa a palacios de príncipes, altísimos señores, por humorada de sus dueños, y no fué allí
menos libre y despreocupada. Fué de todos y para
todos. Del pueblo recogió burlas y malicias y dichos sentenciosos, de esa filosofía del pueblo, que
siempre sufre, dulcificada por aquella resignación
de los humildes de entonces, que no lo esperaban
todo de este mundo, y por eso sabían reírse del
mundo sin odio y sin amargura. Ilustró después
su plebeyo origen con noble ejecutoria: Lope de
Rueda, Shakespeare, Molière, como enamorados
príncipes de cuento de hadas, elevaron a Cenicien-
ta al más alto trono de la Poesía y el Arte. No
presume de tan gloriosa estirpe esta farsa, que
por curiosidad de su espíritu inquieto os presenta
un poeta de ahora. Es una farsa *guiñolesca*, de
asunto disparatado, sin realidad alguna. Pronto
veréis cómo cuanto en ella sucede no pudo suceder
nunca, que sus personajes no son ni semejan hombres y mujeres, sino muñecos o fantoches de car-
tón y trapo, con groseros hilos, visibles a poca luz
y al más corto de vista. Son las mismas grotescas
máscaras de aquella comedia de Arte italiano, no
tan regocijadas como solían, porque han meditado
mucho en tanto tiempo. Bien conoce el autor que
tan primitivo espectáculo no es el más digno de un
culto auditorio de estos tiempos; así, de vuestra
cultura tanto como de vuestra bondad se ampara.
El autor sólo pide que aniñéis cuanto sea posible

vuestro espíritu. El mundo está ya viejo y cho-
chea; el Arte no se resigna a envejecer, y por parecer niño finge balbuceos... Y he aquí cómo estos
viejos polichinelas pretenden hoy divertiros con
sus niñerías.

Mutación

CUADRO PRIMERO

Plaza de una ciudad. A la derecha, en primer tér-
mino, fachada de una hostería con puerta practica-
ble y en ella un aldabón. Encima de la puerta un
letrero que diga: "Hostería"

ESCENA I

LEANDRO *y* CRISPÍN, *que salen por la segunda*
izquierda

LEANDRO.—Gran ciudad ha de ser ésta, Crispín;
en todo se advierte su señorío y riqueza.

CRISPÍN.—Dos ciudades hay. ¡Quiera el Cielo
que en la mejor hayamos dado!

LEANDRO.—¿Dos ciudades dices, Crispín? Ya entiendo, antigua y nueva, una de cada parte del río.

CRISPÍN.—¿Qué importa el río ni la vejez ni la
novedad? Digo dos ciudades como en toda ciudad
del mundo: una para el que llega con dinero, y otra
para el que llega como nosotros.

LEANDRO.—¡Harto es haber llegado sin tropezar
con la justicia! Y bien quisiera detenerme aquí algún tiempo, que ya me cansa tanto correr tierras.

CRISPÍN.—A mí no, que es condición de los na-
turales, como yo, del libre reino de Picardía, no
hacer asiento en parte alguna, si no es forzado y
en galeras, que es duro asiento. Pero ya que sobre

esta ciudad caímos y es plaza fuerte a lo que
se descubre, tracemos como prudentes capitancs
nuestro plan de batalla, si hemos de conquistarla
con provecho.

LEANDRO.—¡Mal pertrechado ejército venimos!

CRISPÍN.—Hombres somos, y con hombres hemos de vernos.

LEANDRO.—Por todo caudal, nuestra persona. No
quisiste que nos desprendiéramos de estos vestidos,
que, malvendiéndolos, hubiéramos podido juntar
algún dinero.

CRISPÍN.—¡Antes me desprendiera yo de la piel
que de un buen vestido! Que nada importa tanto
como parecer, según va el mundo, y el vestido es
lo que antes parece.

LEANDRO.—¿Qué hemos de hacer, Crispín? Que
el hambre y el cansancio me tienen abatido, y mal
discurro.

CRISPÍN.—Aquí no hay sino valerse del ingenio
y de la desvergüenza, que sin ella nada vale el ingenio. Lo que he pensado es que tú has de hablar
poco y desabrido, para darte aires de persona de
calidad; de vez en cuando te permito que descar-
gues algún golpe sobre mis costillas; a cuantos te
pregunten, responde misterioso; y cuanto hables
por tu cuenta, sea con gravedad; como si senten-
ciaras. Eres joven, de buena presencia; hasta ahora sólo supiste malgastar tus cualidades; ya es
hora de aprovecharse de ellas. Ponte en mis manos, que nada conviene tanto a un hombre como
llevar a su lado quien haga notar sus méritos, que
en uno mismo la modestia es necedad y la propia
alabanza locura, y con las dos se pierde para el
mundo. Somos los hombres como mercancía, que
valemos más o menos según la habilidad del mer-

cader que nos presenta. Yo te aseguro que así fueras vidrio, a mi cargo corre que pases por diamante. Y ahora llamemos a esta hostería, que lo primero es acampar a vista de la plaza.

LEANDRO.—¿A la hostería dices? ¿Y cómo pagaremos?

CRISPÍN.—Si por tan poco te acobardas busquemos un hospital o casa de misericordia, o pidamos limosna, si a lo piadoso nos acogemos; y si a lo bravo, volvamos al camino y salteemos al primer viandante; si a la verdad de nuestros recursos nos atenemos, no son otros nuestros recursos.

LEANDRO.—Yo traigo cartas de introducción para personas de valimiento en esta ciudad, que podrán socorrernos.

CRISPÍN.—¡Rompe luego esas cartas y no pienses en tal bajeza! ¡Presentarnos a nadie como necesitados! ¡Buenas cartas de crédito son ésas! Hoy te recibirán con grandes cortesías, te dirán que su casa y su persona son tuyas, y a la segunda vez que llames a su puerta, ya te dirá el criado que su señor no está en casa ni para en ella; y a otra visita, ni te abrirán la puerta. Mundo es éste de toma y daca; lonja de contratación, casa de cambio, y antes de pedir, ha de ofrecerse.

LEANDRO.—¿Y qué podré ofrecer yo si nada tengo?

CRISPÍN.—¡En qué poco te estimas! Pues qué, un hombre por sí, ¿nada vale? Un hombre puede ser soldado, y con su valor decidir una victoria; puede ser galán o marido, y con dulce medicina curar a alguna dama de calidad o doncella de buen linaje que se sienta morir de melancolía; puede ser criado de algún señor poderoso que se aficione de él y le eleve hasta su privanza, y tantas cosas más que no he de enumerar. Para subir, cualquier escalón es bueno.

LEANDRO.—¿Y si aun ese escalón me falta?

CRISPÍN.—Yo te ofrezco mis espaldas para encumbrarte. Tú te verás en alto.

LEANDRO.—¿Y si los dos damos en tierra?

CRISPÍN.—Que ella nos sea leve. *(Llamando a la hostería con el albadón.)* ¡Ah de la hostería! ¡Hola, digo! ¡Hostelero o demonio! ¿Nadie responde? ¿Qué casa es ésta?

LEANDRO.—¿Por qué esas voces si apenas llamasteis?

CRISPÍN.—¡Porque es ruindad hacer esperar de ese modo! *(Vuelve a llamar más fuerte.)* ¡Ah de la gente! ¡Ah de la casa! ¡Ah de todos los diablos!

HOSTELERO.—*(Dentro.)* ¿Quién va? ¿Qué voces y qué modo son éstos? No hará tanto que esperan.

CRISPÍN.—¡Ya fué mucho! Y bien nos informaron que es ésta muy ruin posada para gente noble.

ESCENA II

DICHOS, *el* HOSTELERO *y dos* MOZOS *que salen de la hostería*

HOSTELERO.—*(Saliendo.)* Poco a poco, que no es posada, sino hospedería, y muy grandes señores han parado en ella.

CRISPÍN.—Quisiera yo ver a esos que llamáis grandes señores. Gentecilla de poco más o menos. Bien se advierte en esos mozos, que no saben conocer a las personas de calidad, y se están ahí como pasmarotes sin atender a nuestro servicio.

HOSTELERO.—¡Por vida que sois impertinente!

LEANDRO.—Este criado mío siempre ha de extremar su celo. Buena es vuestra posada para el poco tiempo que he de parar en ella. Disponed luego un aposento para mí y otro para este criado, y ahorremos palabras.

HOSTELERO.—Perdonad, señor; si antes hubierais hablado... Siempre los señores han de ser más comedidos que sus criados.

CRISPÍN.—Es que este buen señor mío a todo se acomoda; pero yo sé lo que conviene a su servicio, y no he de pasar por cosa mal hecha. Conducidnos ya al aposento.

HOSTELERO.—¿No traéis bagaje alguno?

CRISPÍN.—¿Pensáis que nuestro bagaje es hatillo de soldado o de estudiante para traerlo a mano, ni que mi señor ha de traer aquí ocho carros, que tras nosotros vienen, ni que aquí ha de parar sino el tiempo preciso que conviene al secreto de los servicios que en esta ciudad le están encomendados?...

LEANDRO.—¿No callarás? ¿Qué secreto ha de haber contigo? ¡Pues voto a..., que si alguien me descubre por tu hablar sin medida!... *(Le amenaza y le pega con la espada.)*

CRISPÍN. — ¡Valedme, que me matará! *(Corriendo.)*

HOSTELERO.—*(Interponiéndose entre Leandro y Crispín.)* ¡Teneos, señor!

LEANDRO.—Dejad que le castigue, que no hay falta para mí como el hablar sin tino.

HOSTELERO.—¡No le castiguéis, señor!

LEANDRO.—¡Dejadme, dejadme, que no aprenderá nunca! *(Al ir a pegar a Crispín, éste se esconde detrás del Hostelero, quien recibe los golpes.)*

CRISPÍN.—*(Quejándose.)* ¡Ay, ay, ay!

HOSTELERO.—¡Ay digo yo, que me dió de plano!

LEANDRO.—*(A Crispín.)* Ve a lo que diste lugar: a que este infeliz fuera el golpeado. ¡Pídele perdón!

HOSTELERO.—No es menester. Yo le perdono gustoso. *(A los criados.)* ¿Qué hacéis ahí parados? Disponed los aposentos donde suele parar el embajador de Mantua y preparad comida para este caballero.

CRISPÍN.—Dejad que yo les advierta de todo, que cometerán mil torpezas y pagaré yo luego, que mi señor, como veis, no perdona falta... Soy con vosotros, muchachos... Y tened cuenta a quien servís, que la mayor fortuna o la mayor desdicha os entró por las puertas. *(Entran los criados y Crispín en la hostería.)*

HOSTELERO.—*(A Leandro.)* ¿Y podéis decirme vuestro nombre, de dónde venís, y a qué propósito?...

LEANDRO.—*(Al ver salir a Crispín de la hostería.)* Mi criado os lo dirá... Y aprended a no importunarme con preguntas... *(Entra en la hostería.)*

CRISPÍN.—¡Buena la hicisteis! ¿Atreverse a preguntar a mi señor? Si os importa tenerle una hora siquiera en vuestra casa, no volváis a dirigirle la palabra.

HOSTELERO.—Sabed que hay Ordenanzas muy severas que así lo disponen.

CRISPÍN.—¡Veníos con Ordenanzas a mi señor! ¡Callad, callad, que no sabéis a quien tenéis en vuestra casa, y si lo supierais no diríais tantas impertinencias!

HOSTELERO.—Pero, ¿no he de saber siquiera?...

CRISPÍN.—¡Voto a..., que llamaré a mi señor y
él os dirá lo que conviene, si no lo entendisteis!
¡Cuidad de que nada le falte y atendedle con vuestros cinco sentidos, que bien puede pesaros! ¿No
sabéis conocer a las personas? ¿No visteis ya
quién es mi señor? ¿Qué replicáis? ¡Vamos ya!
(*Entra en la hostería empujando al Hostelero.*)

ESCENA III

ARLEQUÍN *y el* CAPITÁN, *que salen por la segunda
izquierda*

ARLEQUÍN.—Vagando por los campos que ro-
dean esta ciudad, lo mejor de ella sin duda alguna, creo que sin pensarlo hemos venido a dar frente a la hostería. ¡Animal de costumbre es el hombre! ¡Y dura costumbre la de alimentarse cada
día!

CAPITÁN.—¡La dulce música de vuestros versos
me distrajo de mis pensamientos! ¡Amable pri-
vilegio de los poetas!

ARLEQUÍN.—¡Que no les impide carecer de todo!
Con temor llego a la hostería. ¿Consentirán hoy en
fiarnos? ¡Válgame vuestra espada!

CAPITÁN.—¿Mi espada? Mi espada de soldado,
como vuestro plectro de poeta, nada valen en esta
ciudad de mercaderes y de negociantes... ¡Triste
condición es la nuestra!

ARLEQUÍN.—Bien decís. No la sublime poesía,
que sólo canta de nobles y elevados asuntos; ya ni
sirve poner el ingenio a las plantas de los poderosos para elogiarlos o satirizarlos; alabanzas o dia-

tribas no tienen valor para ellos; ni agradecen las unas ni temen las otras. El propio Aretino hubiera muerto de hambre en estos tiempos.

CAPITÁN.—¿Y nosotros, decidme? Porque fuimos vencidos en las últimas guerras, más que por el enemigo poderoso, por esos indignos traficantes que nos gobiernan y nos enviaron a defender sus intereses sin fuerzas y sin entusiasmo, porque nadie combate con fe por lo que no estima; ellos, que no dieron uno de los suyos para soldado ni soltaron moneda sino a buen interés y a mejor cuenta, y apenas temieron verla perdida amenazaron con hacer causa con el enemigo, ahora nos culpan a nosotros y nos maltratan y nos menosprecian y quisieran ahorrarse la mísera soldada con que creen pagarnos, y de muy buena gana nos despedirían si no temieran que un día todos los oprimidos por sus maldades y tiranías se levantarán contra ellos. ¡Pobres de ellos si ese día nos acordamos de qué parte están la razón y la justicia!

ARLEQUÍN.—Si así fuera..., ese día me tendréis a vuestro lado.

CAPITÁN.—Con los poetas no hay que contar para nada, que es vuestro espíritu como el ópalo, que a cada luz hace diversos visos. Hoy os apasionáis por lo que nace y mañana por lo que muere; pero más inclinados sois a enamoraros de todo lo ruinoso por melancólico. Y como sois por lo regular poco madrugadores, más veces visteis morir el sol que amanecer el día, y más sabéis de sus ocasos que de sus auroras.

ARLEQUÍN.—No lo diréis por mí, que he visto amanecer muchas veces cuando no tenía dónde acostarme. ¿Y cómo queríais que cantara al día, alegre como alondra, si amanecía tan triste para mí? ¿Os decidís a probar fortuna?

CAPITÁN.—¡Qué remedio! Sentémonos, y sea lo que disponga nuestro buen hostelero.

ARLEQUÍN.—¡Hola! ¡Eh! ¿Quién sirve? *(Llamando en la hostería.)*

ESCENA IV

DICHOS, *el* HOSTELERO. *Después los* MOZOS, LEANDRO *y* CRISPÍN, *que salen a su tiempo de la hostería*

HOSTELERO.—¡Ah caballeros! ¿Sois vosotros? Mucho lo siento, pero hoy no puedo servir a nadie en mi hostería.

CAPITÁN.—¿Y por qué causa, si puede saberse?

HOSTELERO.—¡Lindo desahogo es el vuestro en preguntarlo! ¿Pensáis que a mí me fía nadie lo que en mi casa se gasta?

CAPITÁN.—¡Ah! ¿Es ése el motivo? ¿Y no somos personas de crédito a quien puede fiarse?

HOSTELERO.—Para mí, no. Y como nunca pensé cobrar, para favor ya fué bastante; conque así, hagan merced de no volver por mi casa.

ARLEQUÍN.—¿Creéis que todo es dinero en este bajo mundo? ¿Contáis por nada las ponderaciones que de vuestra casa hicimos en todas partes? ¡Hasta un soneto os tengo dedicado y en él celebro vuestras perdices estofadas y vuestros pasteles de liebre!... Y en cuanto al señor Capitán, tened por seguro que él solo sostendrá contra un ejército el buen nombre de vuestra casa. ¿Nada vale esto? ¡Todo ha de ser moneda contante en el mundo!

HOSTELERO.—¡No estoy para burlas! No he menester de vuestros sonetos ni de la espada del señor Capitán, que mejor pudiera emplearla.

CAPITÁN.—¡Voto a..., que sí la emplearé escarmentando a un pícaro! *(Amenazándole y pegándole con la espada.)*

HOSTELERO.—*(Gritando.)* ¿Qué es esto? ¿Contra mí? ¡Favor! ¡Justicia!

ARLEQUÍN.—*(Conteniendo al Capitán.)* ¡No os perdáis por tan ruin sujeto!

CAPITÁN.—He de matarle. *(Pegándole.)*

HOSTELERO.—¡Favor! ¡Justicia!

MOZOS.—*(Saliendo de la hostería.)* ¡Que matan a nuestro amo!

HOSTELERO.—¡Socorredme!

CAPITÁN.—¡No dejaré uno!

HOSTELERO.—¿No vendrá nadie?

LEANDRO.—*(Saliendo con Crispín.)* ¿Qué alboroto es éste?

CRISPÍN.—¿En lugar donde mi señor se hospeda? ¿No hay sosiego posible en vuestra casa? Yo traeré a la Justicia, que pondrá orden en ello.

HOSTELERO.—¡Esto ha de ser mi ruina! ¡Con tan gran señor en mi casa!

ARLEQUÍN.—¿Quién es él?

HOSTELERO.—¡No oséis preguntarlo!

CAPITÁN.—Perdonad, señor, si turbamos vuestro .reposo; pero este ruin hostelero...

HOSTELERO.—No fué mía la culpa, señor, sino de estos desvergonzados...

CAPITÁN.—¿A mí desvergonzado? ¡No miraré nada!...

CRISPÍN.—¡Alto, señor Capitán, que aquí tenéis quien satisfaga vuestros agravios, si los tenéis de este hombre!

HOSTELERO.—Figuraos que ha más de un mes que comen a mi costa sin soltar blanca, y porque me negué hoy a servirles se vuelven contra mí.

ARLEQUÍN.—Yo no, que todo lo llevo con paciencia.

CAPITÁN.—¿Y es razón que a un soldado no se le haga crédito?

ARLEQUÍN.—¿Y es razón que en nada se estime un soneto con estrambote que compuse a sus perdices estofadas y a sus pasteles de liebre?... Todo por fe, que no los probé nunca, sino carnero y potajes.

CRISPÍN.—Estos dos nobles señores dicen muy bien, y es indignidad tratar de ese modo a un poeta y a un soldado.

ARLEQUÍN.—¡Ah señor, sois un alma grande!

CRISPÍN.—Yo no. Mi señor, aquí presente; que como tan gran señor, nada hay para él en el mundo como un poeta y un soldado.

LEANDRO.—Cierto.

CRISPÍN.—Y estad seguros de que mientras él pare en esta ciudad no habéis de carecer de nada, y cuanto gasto hagáis aquí corre de su cuenta.

LEANDRO.—Cierto.

CRISPÍN.—¡Y mírese mucho el hostelero en trataros como corresponde!

HOSTELERO.—¡Señor!

CRISPÍN.—Y no seáis tan avaro de vuestras perdices ni de vuestras empanadas de gato, que no es razón que un poeta como el señor Arlequín hable por sueño de cosas tan palpables...

ARLEQUÍN.—¿Conocéis mi nombre?

CRISPÍN.—Yo no; pero mi señor, como tan gran señor, conoce a cuantos poetas existen y existieron, siempre que sean dignos de ese nombre.

LEANDRO.—Cierto.

CRISPÍN.—Y ninguno tan grande como vos, señor Arlequín; y cada vez que pienso que aquí no se os ha guardado todo el respeto que merecéis...

HOSTELERO.—Perdonad, señor. Yo les serviré como mandáis, y basta que seáis su fiador...

CAPITÁN.—Señor, si en algo puedo serviros...

CRISPÍN.—¿Es poco servicio el conoceros? ¡Glorioso Capitán, digno de ser cantado por este solo poeta!...

ARLEQUÍN.—¡Señor!

CAPITÁN.—¡Señor!

ARLEQUÍN.—¿Y os son conocidos mis versos?

CRISPÍN.—¿Cómo conocidos? ¡Olvidados los tengo! ¿No es vuestro aquel soneto admirable que empieza:

"La dulce mano que acaricia y mata"?

ARLEQUÍN.—¿Cómo decís?

CRISPÍN.—"La dulce mano que acaricia y mata."

ARLEQUÍN.—¿Ése decís? No, no es mío ese soneto.

CRISPÍN.—Pues merece ser vuestro. Y de vos, Capitán, ¿quién no conoce las hazañas? ¿No fuisteis el que solo con veinte hombres asaltó el castillo de las Peñas Rojas en la famosa batalla de los Campos Negros?

CAPITÁN.—¿Sabéis?...

CRISPÍN.—¿Cómo si sabemos? ¡Oh! ¡Cuántas veces se lo oí referir a mi señor entusiasmado! Veinte hombres, veinte y vos delante, y desde el castillo..., ¡bum!, ¡bum!, ¡bum!, disparos y bombardas y pez hirviente, y demonios encendidos... ¡Y los veinte hombres como un solo hombre y vos delante! Y los de arriba..., ¡bum!, ¡bum!, ¡bum! Y los tambores..., ¡ran, rataplán, plan! Y los clarines..., ¡tararí, tararí, tararí!... Y vosotros sólo con vuestra espada y vos sin espada..., ¡ris, ris, ris!, golpe aquí, golpe allí..., una cabeza, un brazo... *(Empieza a golpes con la espada, dándoles de plano al Hostelero y a los Mozos.)*

Mozo.—¡Ay, ay!

Hostelero.—¡Téngase, que se apasiona como si pasara!

Crispín.—¿Cómo si me apasiono? Siempre sentí yo el *animus belli.*

Capitán.—No parece sino que os hallasteis presente.

Crispín.—Oírselo referir a mi señor es como verlo, mejor que verlo. ¡Y a un soldado así, al héroe de las Peñas Rojas en los Campos Negros, se le trata de esa manera!... ¡Ah! Gran suerte fué que mi señor se hallase presente, y que negocios de importancia le hayan traído a esta ciudad, donde él hará que se os trate con respeto, como merecéis... ¡Un poeta tan alto, un tan gran capitán! *(A los Mozos.)* ¡Pronto! ¿Qué hacéis ahí como estafermos? Servidles de lo mejor que haya en vuestra casa, y ante todo una botella del mejor vino, que mi señor quiere beber con estos caballeros, y lo tendrá a gloria... ¿Qué hacéis ahí? ¡Pronto!

Hostelero.—¡Voy, voy! ¡No he librado de mala! *(Se va con los Mozos a la hostería.)*

Arlequín.—¡Ah señor! ¿Cómo agradeceros?...

Capitán.—¿Cómo pagaros?

Crispín.—¡Nadie hable aquí de pagar, que es palabra que ofende! Sentaos, sentaos, que para mi señor, que a tantos príncipes y grandes ha sentado a su mesa, será éste el mayor orgullo.

LEANDRO.—Cierto.

CRISPÍN.—Mi señor no es de muchas palabras; pero, como veis, esas pocas son otras tantas sentencias llenas de sabiduría.

ARLEQUÍN.—En todo muestra su grandeza.

CAPITÁN.—No sabéis cómo conforta nuestro abatido espíritu hallar un gran señor como vos, que así nos considera.

CRISPÍN.—Esto no es nada, que yo sé que mi señor no se contenta con tan poco y será capaz de llevaros consigo y colocaros en tan alto estado...

LEANDRO.—(Aparte a Crispín.) No te alargues en palabras, Crispín...

CRISPÍN.—Mi señor no gusta de palabras, pero ya le conoceréis por las obras.

HOSTELERO.—(Saliendo con los Mozos, que traen las viandas y ponen la mesa.) Aquí está el vino..., y la comida.

CRISPÍN.—¡Beban, beban y coman y no se priven de nada, que mi señor corre con todo, y si algo os falta, no dudéis de decirlo, que mi señor pondrá orden en ello, que el hostelero es dado a descuidarse!

HOSTELERO.—No, por cierto; pero comprenderéis...

CRISPÍN.—No digáis palabra, que diréis una impertinencia.

CAPITÁN.—¡A vuestra salud!

LEANDRO.—¡A la vuestra, señores! ¡Por el más grande poeta y el mejor soldado!

ARLEQUÍN.—¡Por el más noble señor!

CAPITÁN.—¡Por el más generoso!

CRISPÍN.—Y yo también he de beber, aunque sea atrevimiento. Por este día grande entre todos que juntó al más alto poeta, al más valiente capitán, al más noble señor y al más leal criado... Y permitid que mi señor se despida, que los negocios que le traen a esta ciudad no admiten demora.

LEANDRO.—Cierto.

CRISPÍN.—¿No faltaréis a presentarle vuestros respetos cada día?

ARLEQUÍN.—Y a cada hora; y he de juntar a todos los músicos y poetas de mi amistad para festejarle con músicas y canciones.

CAPITÁN.—Y yo he de traer a toda mi compañía con antorchas y luminarias.

LEANDRO.—Ofenderéis mi modestia...

CRISPÍN.—Y ahora comed, bebed... ¡Pronto! Servid a estos señores... *(Aparte al Capitán.)* Entre nosotros..., ¿estaréis sin blanca?

CAPITÁN.—¿Qué hemos de deciros?

CRISPÍN.—¡No digáis más! *(Al Hostelero.)* ¡Eh! ¡Aquí! Entregaréis a estos·caballeros cuarenta o cincuenta escudos por encargo de mi señor y de parte suya... ¡No dejéis de cumplir sus órdenes!

HOSTELERO.—¡Descuidad! ¿Cuarenta o cincuenta, decís?

CRISPÍN.—Poned sesenta... ¡Caballeros, salud!

CAPITÁN.—¡Viva el más grande caballero!

ARLEQUÍN.—¡Viva!

CRISPÍN.—¡Decid ¡viva! también vosotros, gente incivil!

HOSTELERO y MOZOS.—¡Viva!

CRISPÍN.—¡Viva el más alto poeta y el mayor soldado!

TODOS.—¡Viva!

LEANDRO.—*(Aparte a Crispín.)* ¿Qué locuras son éstas, Crispín, y cómo saldremos de ellas?

CRISPÍN.—Como entramos. Ya lo ves; la poesía y las armas son nuestras... ¡Adelante! ¡Sigamos la conquista del mundo! *(Todos se hacen saludos y reverencias, y Leandro y Crispín se van por la segunda izquierda. El Capitán y Arlequín se disponen a comer los asados que les han preparado el Hostelero y los Mozos que los sirven.)*

Mutación

CUADRO SEGUNDO

*Jardín con fachada de un pabellón, con puerta
practicable en primer término izquierda.
Es de noche*

ESCENA I

DOÑA SIRENA *y* COLOMBINA, *saliendo del pabellón*

SIRENA.—¿No hay para perder el juicio, Colombina? ¡Que una dama se vea en trance tan afrentoso por gente baja y descomedida! ¿Cómo te atreviste a volver a mi presencia con tales razones?

COLOMBINA.—¿Y no habíais de saberlo?

SIRENA.—¡Morir me estaría mejor! ¿Y todos te dijeron lo mismo?

COLOMBINA.—Uno por uno, como lo oísteis... El sastre, que no os enviará el vestido mientras no le paguéis todo lo adeudado.

SIRENA.—¡El insolente! ¡El salteador de caminos! ¡Cuando es él quien me debe todo su crédito en esta ciudad, que hasta emplearlo yo en el atavío de mi persona no supo lo que era vestir damas!

COLOMBINA.—Y los cocineros y los músicos y los criados todos dijeron lo mismo: que no servirán esta noche en la fiesta si no les pagáis por adelantado.

SIRENA.—¡Los sayones! ¡Los forajidos! ¡Cuándo se vió tanta insolencia en gente nacida para servirnos! ¿Es que ya no se paga más que con dinero? ¿Es que ya sólo se estima el dinero en el mundo? ¡Triste de la que se ve como yo, sin el amparo de un marido, ni de parientes, ni de allegados masculinos!... Que una mujer sola nada vale en el mundo, por noble y virtuosa que sea. ¡Oh tiempos de perdición! ¡Tiempos del Apocalipsis! ¡El Anticristo debe ser llegado!

COLOMBINA.—Nunca os vi tan apocada. Os desconozco. De mayores apuros supisteis salir adelante.

SIRENA.—Eran otros tiempos, Colombina. Contaba yo entonces con mi juventud y con mi belleza como poderosos aliados. Príncipes y grandes señores rendíanse a mis plantas.

COLOMBINA.—En cambio, no sería tanta vuestra experiencia y conocimiento del mundo como ahora. Y en cuanto a vuestra belleza, nunca estuvo tan en su punto, podéis creerlo.

SIRENA.—¡Deja lisonjas! ¡Cuándo me vería yo de este modo si fuera la doña Sirena de mis veinte!

COLOMBINA.—¿Años queréis decir?

SIRENA.—Pues, ¿qué pensaste? ¡Y qué diré de ti, que aún no los cumpliste y no sabes aprovecharlo! ¡Nunca lo creyera, cuando al verme tan sola, de criada, te adopté por sobrina! ¡Si en vez de malograr tu juventud enamorándote de ese Arlequín, ese poeta que nada puede ofrecer sino versos y músicas, supieras emplearte mejor, no nos veríamos en tan triste caso!

COLOMBINA.—¿Qué queréis? Aún soy demasiado joven para resignarme a ser amada y no corresponder. Y si he de adiestrarme en hacer padecer por mi amor, necesito saber antes cómo se padece cuando se ama. Yo sabré desquitarme. Aún no cumplí los veinte años. No me creáis con tan poco juicio que piense en casarme con Arlequín.

SIRENA.—No me fío de ti, que eres muy caprichosa y siempre te dejaste llevar de la fantasía. Pero pensemos en lo que ahora importa. ¿Qué haremos en tan gran apuro? No tardarán en acudir mis convidados, todos personas de calidad y de importancia, y entre ellas el señor Polichinela con su esposa y su hija, que por muchas razones me importan más que todos. Ya sabes cómo frecuentan esta casa algunos caballeros nobilísimos, pero, como yo, harto deslucidos en su nobleza, por falta de dinero. Para cualquiera de ellos, la hija del señor Polichinela, con su riquísima dote, y el gran caudal que ha de heredar a la muerte de su padre, puede ser un partido muy ventajoso. Muchos son los que la pretenden. En favor de todos ellos interpongo yo mi buena amistad con el señor Polichinela y su esposa. Cualquiera que sea el favorecido, yo sé que ha de corresponder con largueza a mis buenos oficios, que de todos me hice firmar una obligación para asegurarme. Ya no me quedan otros medios que estas mediaciones para reponer en algo mi patrimonio; si de camino algún rico comerciante o mercader se prendara de ti..., ¿quién sabe?..., aún podía ser esta casa lo que fué en otro tiempo. Pero si esta noche la insolencia de esa gente trasciende, si no puedo ofrecer la fiesta... ¡No quiero pensarlo..., que será mi ruina!

COLOMBINA.—No paséis cuidado. Con qué agasajarlos no ha de faltar. Y en cuanto a músicos y a criados, el señor Arlequín, que por algo es poeta y para algo está enamorado de mí, sabrá improvisarlo todo. Él conoce a muchos truhanes de buen humor que han de prestarse a todo. Ya veréis, no faltará nada, y vuestros convidados dirán que no asistieron en su vida a tan maravillosa fiesta.

SIRENA.—¡Ay Colombina! Si eso fuera, ¡cuánto ganarías en mi afecto! Corre en busca de tu poeta... No hay que perder tiempo.

COLOMBINA.—¿Mi poeta? Del otro lado de estos jardines pasea, de seguro, aguardando una seña mía...

SIRENA.—No será bien que asista a vuestra entrevista, que yo no debo rebajarme en solicitar tales favores... A tu cargo lo dejo. ¡Que nada falte para la fiesta, y yo sabré recompensar a todos; que esta estrechez angustiosa de ahora no puede durar siempre..., o no sería yo doña Sirena!

COLOMBINA.—Todo se compondrá. Id descuidada. *(Vase doña Sirena por el pabellón.)*

ESCENA II

COLOMBINA. *Después* CRISPÍN, *que sale por la segunda derecha*

COLOMBINA.—*(Dirigiéndose a la segunda derecha y llamando.)* ¡Arlequín! ¡Arlequín! *(Al ver salir a Crispín.)* ¡No es él!

CRISPÍN.—No temáis, hermosa Colombina, amada del más soberano ingenio, que por ser raro poeta en todo, no quiso extremar en sus versos las ponderaciones de vuestra belleza. Si de lo vivo a lo pintado fué siempre diferencia, es toda en esta ocasión ventaja de lo vivo, ¡con ser tal la pintura!

COLOMBINA.—Y vos, ¿sois también poeta, o sólo cortesano y lisonjero?

CRISPÍN.—Soy el mejor amigo de vuestro enamorado Arlequín, aunque sólo de hoy le conozco, pero tales pruebas tuvo de mi amistad en tan corto tiempo. Mi mayor deseo fué el de saludaros, y el señor Arlequín no anduviera tan discreto en complacerme a no fiar tanto de mi amistad, que sin ella, fuera ponerme a riesgo de amaros sólo con haberme puesto en ocasión de veros.

COLOMBINA.—El señor Arlequín fiaba tanto en el amor que le tengo como en la amistad que le tenéis. No pongáis todo el mérito de vuestra parte, que es tan necia presunción perdonar la vida a los hombres como el corazón a las mujeres.

CRISPÍN.—Ahora advierto que no sois tan peligrosa al que os ve como al que llega a escucharos.

COLOMBINA.—Permitid; pero antes de la fiesta preparada para esta noche he de hablar con el señor Arlequín y...

CRISPÍN.—No es preciso. A eso vine, enviado de su parte y de parte de mi señor, que os besa las manos.

COLOMBINA.—¿Y quién es vuestro señor, si puede saberse?

CRISPÍN.—El más noble caballero, el más poderoso... Permitid que por ahora calle su nombre; pronto habréis de conocerle. Mi señor desea saludar a doña Sirena y asistir a su fiesta esta noche.

COLOMBINA.—¡La fiesta! ¿No sabéis...?

CRISPÍN.—Lo sé. Mi deber es averiguarlo todo. Sé que hubo inconvenientes que pudieron estorbarla; pero no habrá ninguno, todo está prevenido.

COLOMBINA.—¿Cómo sabéis...?

CRISPÍN.—Yo os aseguro que no faltará nada. Suntuoso agasajo, luminarias y fuegos de artificio, músicos y cantores. Será la más lucida fiesta del mundo...

COLOMBINA.—¿Sois algún encantador, por ventura?

CRISPÍN.—Ya me iréis conociendo. Sólo os diré que por algo juntó hoy el destino a gente de tan buen entendimiento, incapaz de malograrlo con vanos escrúpulos. Mi señor sabe que esta noche asistirá a la fiesta el señor Polichinela, con su hija única, la hermosa Silvia, el mejor partido de esta ciudad. Mi señor ha de enamorarla, mi señor ha de casarse con ella y mi señor sabrá pagar como corresponde los buenos oficios de doña Sirena y los vuestros también si os prestáis a favorecerle.

COLOMBINA.—No andáis con rodeos. Debiera ofenderme vuestro atrevimiento.

CRISPÍN.—El tiempo apremia y no me dió lugar a ser comedido.

COLOMBINA.—Si ha de juzgarse del amo por el criado...

CRISPÍN.—No temáis. A mi amo le hallaréis el más cortés y atento caballero. Mi desvergüenza le permite a él mostrarse vergonzoso. Duras necesidades de la vida pueden obligar al más noble caballero a empleos de rufián, como a la más noble dama a bajos oficios, y esta mezcla de ruindad y nobleza en un mismo sujeto desluce con el mundo. Habilidad es mostrar separado en dos sujetos lo que suele andar junto en uno solo. Mi señor y yo, con ser uno mismo, somos cada uno una parte del otro. ¡Si así fuera siempre! Todos llevamos en nosotros un gran señor de altivos pensamientos, capaz de todo lo grande y de todo lo bello... Y a su lado, el servidor humilde, el de las ruines obras, el que ha de emplearse en las bajas acciones a que obliga la vida... Todo el arte está en separarlos de tal modo, que cuando caemos en alguna bajeza podamos decir siempre: no fué mía, no fuí yo, fué mi criado. En la mayor miseria de nuestra vida siempre hay algo en nosotros que quiere sentirse superior a nosotros mismos. Nos despreciaríamos demasiado si no creyésemos valer más que nuestra vida... Ya sabéis quién es mi señor: el de los altivos pensamientos, el de los bellos sueños. Ya sabéis quién soy yo: el de los ruines empleos, el que siempre, muy bajo, rastrea y socava entre toda mentira y toda indignidad y toda miseria. Sólo hay algo en mí que me redime y me eleva a mis propios ojos. Esta lealtad de mi servidumbre, esta lealtad que se humilla y se arrastra para que otro pueda volar y pueda ser siempre el señor de los altivos pensamientos, el de los bellos sueños. *(Se oye música dentro.)*

COLOMBINA.—¿Qué música es ésa?

CRISPÍN.—La que mi señor trae a la fiesta, con todos sus pajes y todos sus criados y toda una corte de poetas y cantores presididos por el señor Arlequín, y toda una legión de soldados, con el Capitán al frente, escoltándole con antorchas...

COLOMBINA.—¿Quién es vuestro señor, que tanto puede? Corro a prevenir a mi señora...

CRISPÍN.—No es preciso. Ella acude.

ESCENA III

DICHOS y DOÑA SIRENA, *que sale por el pabellón*

SIRENA.—¿Qué es esto? ¿Quién previno esa música? ¿Qué tropel de gente llega a nuestra puerta?

COLOMBINA.—No preguntéis nada. Sabed que hoy llegó a esta ciudad un gran señor, y es él quien os ofrece la fiesta esta noche. Su criado os informará de todo. Yo aun no sabré deciros si hablé con un gran loco o con un gran bribón. De cualquier modo, os aseguro que él es un hombre extraordinario...

SIRENA.—¿Luego no fué Arlequín?

COLOMBINA.—No preguntéis... Todo es como cosa de magia...

CRISPÍN.—Doña Sirena, mi señor os pide licencia para besaros las manos. Tan alta señora y tan noble señor no han de entender en intrigas impropias de su condición. Por eso, antes que él llegue a saludaros, yo he de decirlo todo. Yo sé de vuestra historia mil notables sucesos que, referidos, me asegurarían toda vuestra confianza... Pero fuera impertinencia puntualizarlos. Mi amo os asegura aquí *(Entregándole un papel)* con su firma la obligación que ha de cumpliros si de vuestra parte sabéis cumplir lo que aquí os propone.

SIRENA.—¿Qué papel y qué obligación es ésta?... *(Leyendo el papel para sí.)* ¡Cómo! ¿Cien mil escudos de presente y otros tantos a la muerte del señor Polichinela si llega a casarse con su hija? ¿Qué insolencia es ésta? ¿A una dama? ¿Sabéis con quién habláis? ¿Sabéis qué casa es ésta?

CRISPÍN.—Doña Sirena..., ¡excusad la indignación! No hay nadie presente que pueda importaros. Guardad ese papel junto con otros..., y no se hable más del asunto. Mi señor no os propone nada indecoroso, ni vos consintiríais en ello... Cuanto aquí sucede será obra de la casualidad y del amor. Fuí yo, el criado, el único que tramó estas cosas indignas. Vos sois siempre la noble dama, mi amo el noble señor, que al encontraros esta noche en la fiesta, hablaréis de mil cosas galantes y delicadas, mientras vuestros convidados pasean y conversan a vuestro alrededor, con admiraciones a la hermosura de las damas, al arte de sus galas, a la esplendidez del agasajo, a la dulzura de la música y a la gracia de los bailarines... ¿Y quién se atreverá a decir que no es esto todo? ¿No es así la vida, una fiesta en que la música sirve para disimular palabras y las palabras para disimular pensamientos? Que la música suene incesante, que la conversación se anime con alegres risas, que la cena esté bien servida..., es todo lo que importa a los convidados. Y ved aquí a mi señor, que llega a saludaros con toda gentileza.

ESCENA IV

DICHOS, LEANDRO, ARLEQUÍN *y el* CAPITÁN,
que salen por la segunda derecha

LEANDRO.—Doña Sirena, bésoos las manos.
SIRENA.—Caballero...
LEANDRO.—Mi criado os habrá dicho en mi nombre cuanto yo pudiera deciros.

CRISPÍN.—Mi señor, como persona grave, es de pocas palabras. Su admiración es muda.

ARLEQUÍN.—Pero sabe admirar sabiamente.

CAPITÁN.—El verdadero mérito.

ARLEQUÍN.—El verdadero valor.

CAPITÁN.—El arte incomparable de la poesía.

ARLEQUÍN.—La noble ciencia militar.

CAPITÁN.—En todo muestra su grandeza.

ARLEQUÍN.—Es el más noble caballero del mundo.

CAPITÁN.—Mi espada siempre estará a su servicio.

ARLEQUÍN.—He de consagrar a su gloria mi mejor poema.

CRISPÍN.—Basta, basta, que ofenderéis su natural modestia. Vedle, cómo quisiera ocultarse y desaparecer. Es una violeta.

SIRENA.—No necesita hablar quien de este modo hace hablar a todos en su alabanza. *(Después de un saludo y reverencia se van todos por la primera derecha. A Colombina.)* ¿Qué piensas de todo esto, Colombina?

COLOMBINA.—Que el caballero tiene muy gentil figura y el criado muy gentil desvergüenza.

SIRENA.—Todo puede aprovecharse. Y yo no sé nada del mundo ni de los hombres, o la fortuna se entró hoy por mis puertas.

COLOMBINA.—Pues segura es entonces la fortuna; porque del mundo sabéis algo, y de los hombres, ¡no se diga!

SIRENA.—Risela y Laura, que son las primeras en llegar...

COLOMBINA.—¿Cuándo fueron ellas las últimas en llegar a una fiesta? Os dejo en su compañía, que yo no quiero perder de vista a nuestro caballero... *(Vase por la primera derecha.)*

ESCENA V

Doña Sirena, Laura y Risela, *que salen
por la segunda derecha*

Sirena.—¡Amigas! Ya comenzaba a dolerme de vuestra ausencia.

Laura.—Pues, ¿es tan tarde?

Sirena.—Siempre lo es para veros.

Risela.—Otras dos fiestas dejamos por no faltar a vuestra casa.

Laura.—Por más que alguien nos dijo que no sería esta noche por hallaros algo indispuesta.

Sirena.—Sólo por dejar mal a los maldicientes, aun muriendo la hubiera tenido.

Risela.—Y nosotras nos hubiéramos muerto y no hubiéramos dejado de asistir a ella.

Laura.—¿No sabéis la novedad?

Risela.—No se habla de otra cosa.

Laura.—Dicen que ha llegado un personaje misterioso. Unos dicen que es embajador secreto de Venecia o de Francia.

Risela.—Otros dicen que viene a buscar esposa para el Gran Turco.

Laura.—Aseguran que es lindo como un Adonis.

Risela.—Si nos fuera posible conocerle... Debisteis invitarle a vuestra fiesta.

Sirena.—No fué preciso, amigas, que él mismo envió un embajador a pedir licencia para ser recibido. Y en mi casa está y le veréis muy pronto.

LAURA.—¿Qué decís? Ved si anduvimos acertadas en dejarlo todo por asistir a vuestra casa.

SIRENA.—¡Cuántas nos envidiarán esta noche!

LAURA.—Todos rabian por conocerle.

SIRENA.—Pues yo nada hice por lograrlo. Bastó que él supiera que yo tenía fiesta en mi casa.

RISELA.—Siempre fué lo mismo con vos. No llega persona importante a la ciudad que luego no os ofrezca sus respetos.

LAURA.—Ya se me tarda en verle... Llevadnos a su presencia, por vuestra vida.

RISELA.—Sí, sí, llevadnos.

SIRENA.—Permitid, que llega el señor Polichinela con su familia... Pero id sin mí; no os será difícil hallarle.

RISELA.—Sí, sí; vamos, Laura.

LAURA.—Vamos, Risela. Antes de que aumente la confusión y no nos sea posible acercarnos. (Vanse por la primera derecha.)

ESCENA VI

DOÑA SIRENA, POLICHINELA, la SEÑORA DE POLICHINELA y SILVIA, que salen por la segunda derecha

SIRENA.—¡Oh señor Polichinela! Ya temí que no vendríais. Hasta ahora no comenzó para mí la fiesta.

POLICHINELA.—No fué culpa mía la tardanza. Fué de mi mujer, que entre cuarenta vestidos no supo nunca cuál ponerse.

SEÑORA DE POLICHINELA.—Si por él fuera, me presentaría de cualquier modo... Ved cómo vengo de sofocada por apresurarme.

SIRENA.—Venís hermosa como nunca.

POLICHINELA.—Pues aún no trae la mitad de sus joyas. No podría con tanto peso.

SIRENA.—¿Y quién mejor puede ufanarse con que su esposa ostente el fruto de una riqueza adquirida con vuestro trabajo?

SEÑORA DE POLICHINELA.—Pero ¿no es hora ya de disfrutar de ella, como yo le digo, y de tener más nobles aspiraciones? Figuraos que ahora quiere casar a nuestra hija con un negociante.

SIRENA.—¡Oh señor Polichinela! Vuestra hija merece mucho más que un negociante. No hay que pensar en eso. No debéis sacrificar su corazón por ningún interés. ¿Qué dices tú, Silvia?

POLICHINELA.—Ella preferiría algún barbilindo, que, muy a pesar mío, es muy dada a novelas y poesías.

SILVIA.—Yo haré siempre lo que mi padre ordene si a mi madre no le contraría y a mí no me disgusta.

SIRENA.—Eso es hablar con juicio.

SEÑORA DE POLICHINELA.—Tu padre piensa que sólo el dinero vale y se estima en el mundo.

POLICHINELA.—Yo pienso que sin dinero no hay cosa que valga ni se estime en el mundo; que es el precio de todo.

SIRENA.—¡No habléis así! ¿Y las virtudes, y el saber, y la nobleza?

POLICHINELA.—Todo tiene su precio, ¿quién lo duda? Nadie mejor que yo lo sabe, que compré mucho de todo eso, y no muy caro.

SIRENA.—¡Oh señor Polichinela! Es humorada vuestra. Bien sabéis que el dinero no es todo, y que si vuestra hija se enamora de algún noble ca-

ballero, no sería bien contrariarla. Yo sé que tenéis un sensible corazón de padre.

POLICHINELA.—Eso sí. Por mi hija sería yo capaz de todo.

SIRENA.—¿Hasta de arruinaros?

POLICHINELA.—Eso no sería una prueba de cariño. Antes sería capaz de robar, de asesinar...
de todo.

SIRENA.—Ya sé que siempre sabríais rehacer
vuestra fortuna. Pero la fiesta se anima. Ven conmigo, Silvia. Para danzar téngote destinado un
caballero, que habéis de ser la más lucida pareja...
(Se dirigen todos a la primera derecha. Al ir a
salir el señor Polichinela, Crispín, que entra por
la segunda derecha, le detiene.)

ESCENA VII

CRISPÍN y POLICHINELA

CRISPÍN.—¡Señor Polichinela! Con licencia.

POLICHINELA.—¿Quién me llama? ¿Qué me queréis?

CRISPÍN.—¿No recordáis de mí? No es extraño.
El tiempo todo lo borra, y cuando es algo enojoso
lo borrado, no deja ni siquiera el borrón como
recuerdo, sino que se apresura a pintar sobre él
con alegres colores esos alegres colores con que
ocultáis al mundo vuestras jorobas. Señor Polichinela, cuando yo os conocí apenas las cubrían unos
descoloridos andrajos.

POLICHINELA.—¿Y quién eres tú y dónde pudis-
te conocerme?

CRISPÍN.—Yo era un mozuelo, tu eras ya todo un hombre. Pero ¿has olvidado ya tantas gloriosas hazañas por esos mares, tantas victorias ganadas al turco, a que no poco contribuímos con nuestro heroico esfuerzo, unidos los dos al mismo noble remo en la misma gloriosa nave?

POLICHINELA.—¡Imprudente! ¡Calla o...!

CRISPÍN.—O harás conmigo como con tu primer amo en Nápoles, y con tu primera mujer en Bolonia, y con aquel mercader judío en Venecia...

POLICHINELA.—¡Calla! ¿Quién eres tú, que tanto sabes y tanto hablas?

CRISPÍN.—Soy..., lo que fuiste. Y quien llegará a ser lo que eres..., como tú llegaste. No con tanta violencia como tú, porque los tiempos son otros y ya sólo asesinan los locos y los enamorados y cuatro pobretes que aún asaltan a mano armada al transeúnte por calles oscuras o caminos solitarios. ¡Carne de horca, despreciable!.

POLICHINELA.—¿Y qué quieres de mí? Dinero, ¿no es eso? Ya nos veremos más despacio. No es éste el lugar...

CRISPÍN.—No tiembles por tu dinero. Sólo deseo ser tu amigo, tu aliado, como en aquellos tiempos.

POLICHINELA.—¿Qué puedo hacer por ti?

CRISPÍN.—No; ahora soy yo quien va a servirte, quien quiere obligarte con una advertencia... *(Haciéndole que mire a la primera derecha.)* ¿Ves allí a tu hija cómo danza con un joven caballero y cómo sonríe ruborosa al oír sus galanterías? Ese caballero es mi amo.

POLICHINELA.—¿Tu amo? Será entonces un aventurero, un hombre de fortuna, un bandido como...

CRISPÍN.—¿Como nosotros..., vas a decir? No; es más peligroso que nosotros, porque, como ves, su figura es bella, y hay en su mirada un misterio de encanto, y en su voz una dulzura que llega al corazón y le conmueve como si contara una historia triste. ¿No es esto bastante para enamorar a cualquier mujer? No dirás que no te he advertido. Corre y separa a tu hija de ese hombre, y no le permitas que baile con él ni que vuelva a escucharle en su vida.

POLICHINELA.—¿Y dices que es tu amo y así le sirves?

CRISPÍN.—¿Lo extrañas? ¿Te olvidas ya de cuando fuiste criado? Yo aún no pienso asesinarle.

POLICHINELA.—Dices bien; un amo es siempre odioso. Y en servirme a mí, ¿qué interés es el tuyo?

CRISPÍN.—Llegar a buen puerto, como llegamos tantas veces remando juntos. Entonces, tú me decías alguna vez: "Tú, que eres fuerte, rema por mí..." En esta galera de ahora eres tú más fuerte que yo; rema por mí, por el fiel amigo de entonces, que la vida es muy pesada galera y yo llevo remado mucho. *(Vase por la segunda derecha.)*

ESCENA VIII

El SEÑOR POLICHINELA, DOÑA SIRENA, *la* SEÑORA DE POLICHINELA, RISELA *y* LAURA, *que salen por la primera derecha*

LAURA.—Sólo doña Sirena sabe ofrecer fiestas semejantes.

RISELA.—Y la de esta noche excedió a todas.

SIRENA.—La presencia de tan singular caballero fué un nuevo atractivo.

POLICHINELA.—¿Y Silvia? ¿Dónde quedó Silvia? ¿Cómo dejaste a nuestra hija?

SIRENA.—Callad, señor Polichinela, que vuestra hija se halla en excelente compañía, y en mi casa siempre está segura.

RISELA.—No hubo atenciones más que para ella.

LAURA.—Para ella es todo el agrado.

RISELA.—Y todos los suspiros.

POLICHINELA.—¿De quién? ¿De ese caballero misterioso? Pues no me contenta. Y ahora mismo...

SIRENA.—¡Pero, señor Polichinela!...

POLICHINELA.—¡Dejadme, dejadme! Yo sé lo que me hago. *(Vase por la primera derecha.)*

SIRENA.—¿Qué le ocurre? ¿Qué destemplanza es ésta?

SEÑORA DE POLICHINELA.—¿Veis qué hombre? ¡Capaz será de una grosería con el caballero! ¡Que ha de casar a su hija con algún mercader u hombre de baja estofa! ¡Que ha de hacerla desgraciada para toda la vida!

SIRENA.—¡Eso no!..., que sois su madre y algo ha de valer vuestra autoridad...

SEÑORA DE POLICHINELA.—¡Ved! Sin duda dijo alguna impertinencia, y el caballero ya deja la mano de Silvia y se retira cabizbajo.

LAURA.—Y el señor Polichinela parece reprender a vuestra hija...

SIRENA.—¡Vamos, vamos! Que no puede consentirse tanta tiranía.

RISELA.—Ahora vemos, señora Polichinela, que con todas vuestras riquezas no sois menos desgraciada.

SEÑORA DE POLICHINELA.—No lo sabéis, que algunas veces llegó hasta golpearme.

LAURA.—¿Qué decís? ¿Y fuisteis mujer para consentirlo?

SEÑORA DE POLICHINELA.—Luego cree componerlo con traerme algún regalo.

SIRENA.—¡Menos mal! Que hay maridos que no lo componen con nada. *(Vanse todas por la primera derecha.)*

ESCENA IX

LEANDRO y CRISPÍN, *que salen por la segunda derecha*

CRISPÍN.—¿Qué tristeza, qué abatimiento es ése? ¡Con mayor alegría pensé hallarte!

LEANDRO.—Hasta ahora no me vi perdido; hasta ahora no me importó menos perderme. Huyamos, Crispín; huyamos de esta ciudad antes de que nadie pueda descubrirnos y vengan a saber lo que somos.

CRISPÍN.—Si huyéramos, es cuando todos lo sabrían y cuando muchos correrían hasta detenernos y hacernos volver a nuestro pesar, que no parece bien ausentarnos con tanta descortesía, sin despedirnos de gente tan atenta.

LEANDRO. — No te burles, Crispín, que estoy desesperado.

CRISPÍN.—¡Así eres! Cuando nuestras esperanzas llevan mejor camino.

LEANDRO.—¿Qué puedo esperar? Quisiste que fingiera un amor, y mal sabré fingirlo.

CRISPÍN.—¿Por qué?

LEANDRO.—Porque amo, amo con toda verdad y con toda mi alma.

CRISPÍN.—¿A Silvia? ¿Y de eso te lamentas?

LEANDRO.—¡Nunca pensé que pudiera amarse de este modo! ¡Nunca pensé que yo pudiera amar! En mi vida errante por todos los caminos, no fuí siquiera el que siempre pasa, sino el que siempre huye, enemiga la tierra, enemigos los hombres, enemiga la luz del sol. La fruta del camino, hurtada, no ofrecida, dejó acaso en mis labios algún sabor de amores, y alguna vez, después de muchos días azarosos, en el descanso de una noche, la serenidad del cielo me hizo soñar con algo que fuera en mi vida como aquel cielo de la noche que traía a mi alma el reposo de su serenidad. Y así esta noche, en el encanto de la fiesta..., me pareció que era un descanso en mi vida..., y soñaba... ¡He soñado! Pero mañana será otra vez la huída azarosa, será la justicia que nos persigue..., y no quiero que me halle aquí, donde está ella, donde ella puede avergonzarse de haberme visto.

CRISPÍN.—Yo creí ver que eras acogido con agrado... Y no fuí yo solo en advertirlo. Doña Sirena y nuestros buenos amigos el capitán y el poeta le hicieron de ti los mayores elogios. A su excelente madre, la señora Polichinela, que sólo sueña emparentar con un noble, le pareciste el yerno de sus ilusiones. En cuanto al señor Polichinela...

LEANDRO.—Sospecha de nosotros... Nos conoce...

CRISPÍN.—Sí; al señor Polichinela no es fácil engañarle como a un hombre vulgar. A un zorro viejo como él hay que engañarle con lealtad. Por eso me pareció mejor medio prevenirle de todo.

LEANDRO.—¿Cómo?

CRISPÍN.—Sí; él me conoce de antiguo... Al decirle que tú eres mi amo, supuso, con razón, que el amo sería digno del criado. Y yo, por corresponder a su confianza, le advertí que de ningún modo consintiera que hablaras con su hija.

LEANDRO.—¿Eso hiciste? ¿Y qué puedo esperar?

CRISPÍN.—¡Necio eres! Que el señor Polichinela ponga todo su empeño en que no vuelvas a ver a su hija.

LEANDRO.—¡No lo entiendo!

CRISPÍN.—Y que de este modo sea nuestro mejor aliado, porque bastará que él se oponga, para que su mujer le lleve la contraria y su hija se enamore de ti más locamente. Tú no sabes lo que es una joven, hija de un padre rico, criada en el mayor regalo, cuando ve por primera vez en su vida que algo se opone a su voluntad. Estoy seguro de que esta misma noche, antes de terminar la fiesta, consigue burlar la vigilancia de su padre para hablar todavía contigo.

LEANDRO.—Pero ¿no ves que nada me importa del señor Polichinela ni del mundo entero? Que es a ella, sólo a ella, a quien yo no quiero parecer indigno y despreciable..., a quien yo no quiero mentir.

CRISPÍN.—¡Bah! ¡Deja locuras! No es posible retroceder. Piensa en la suerte que nos espera si vacilamos en seguir adelante. ¿Que te has enamorado? Ese amor verdadero nos servirá mejor que si fuera fingido. Tal vez de otro modo hubiera querido ir demasiado de prisa; y si la osadía y la insolencia convienen para todo, sólo en amor sienta bien a los hombres algo de timidez. La timidez del hombre hace ser más atrevidas a las mujeres. Y si lo dudas, aquí tienes a la inocente Silvia, que llega con el mayor sigilo y sólo espera para acercarse a ti que yo me retire o me esconda.

LEANDRO.—¿Silvia dices?

CRISPÍN.—¡Chito! ¡Que pudiera espantarse! Y cuando esté a tu lado, mucha discreción..., pocas palabras, pocas... Adora, contempla, admira, y deja que hable por ti el encanto de esta noche azul, propicia a los amores, y esa música que apaga sus sones entre la arboleda y llega como triste de la alegría de la fiesta.

LEANDRO.—No te burles, Crispín; ni te burles de este amor que será mi muerte.

CRISPÍN.—¿Por qué he de burlarme? Yo sé bien que no conviene siempre rastrear. Alguna vez hay que volar por el cielo para mejor dominar la tierra. Vuela tú ahora; yo sigo arrastrándome. ¡El mundo será nuestro! (*Vase por la segunda izquierda.*)

ESCENA X

LEANDRO y SILVIA, *que sale por la primera derecha.*
Al final, CRISPÍN

LEANDRO.—¡Silvia!

SILVIA.—¿Sois vos? Perdonad; no creí hallaros aquí.

LEANDRO.—Huí de la fiesta. Su alegría me entristece.

SILVIA.—¿También a vos?

LEANDRO.—¿También, decís? ¡También os entristece la alegría!...

SILVIA.—Mi padre se ha enojado conmigo. ¡Nunca me habló de este modo! Y con vos también estuvo desatento. ¿Le perdonáis?

LEANDRO.—Sí; lo perdono todo. Pero no le enojéis por mi causa. Volved a la fiesta, que han de buscaros, y si os hallaran aquí a mi lado...

SILVIA.—Tenéis razón. Pero volved vos también. ¿Porqué habéis de estar triste?

LEANDRO.—No; yo saldré sin que nadie lo advierta... Debo ir muy lejos.

SILVIA.—¿Qué decís? ¿No os trajeron asuntos de importancia a esta ciudad? ¿No debíais permanecer aquí mucho tiempo?

LEANDRO.—¡No, no! ¡Ni un día más! ¡Ni un día más!

SILVIA.—Entonces... ¿me habéis mentido?

LEANDRO.—¡Mentir!... No... No digáis que he mentido. No; ésta es la única verdad de mi vida... ¡Este sueño que no debe tener despertar! *(Se oye a lo lejos la música de una canción hasta que cae el telón.)*

SILVIA.—Es Arlequín que canta... ¿Qué os sucede? ¿Lloráis? ¿Es la música la que os hace llorar? ¿Por qué no decirme vuestra tristeza?

LEANDRO.—¿Mi tristeza? Ya la dice esa canción. Escuchadla.

SILVIA.—Desde aquí sólo la música se percibe; las palabras se pierden. ¿No la sabéis? Es una canción al silencio de la noche, y se llama *El reino de las almas*. ¿No la sabéis?

LEANDRO.—Decidla.

SILVIA:

La noche amorosa, sobre los amantes
tiende de su cielo el dosel nupcial.

La noche ha prendido sus claros diamantes
en el terciopelo de un cielo estival.
El jardín en sombra no tiene colores,
y es en el misterio de su oscuridad
susurro el follaje, aroma las flores,
y amor... un deseo dulce de llorar.
La voz que suspira, y la voz que canta
y la voz que dice palabras de amor,
impiedad parecen en la noche santa,
 como una blasfemia entre una oración.
¡Alma del silencio, que yo reverencio,
tiene tu silencio la inefable voz
de los que murieron amando en silencio,
de los que callaron muriendo de amor,
de los que en la vida, por amarnos mucho,
tal vez no supieron su amor expresar!
¿No es la voz acaso que en la noche escucho
y cuando amor dice, dice eternidad?
¡Madre de mi alma! ¿No es luz de tus ojos
 la luz de esa estrella
que como una lágrima de amor infinito
 en la noche tiembla?
¡Dile a la que hoy amo que yo no amé nunca
 más que a ti en la tierra,
y desde que has muerto sólo me ha besado
 la luz de esa estrella!

LEANDRO:

¡Madre de mi alma! Yo no he amado nunca
 más que a ti en la tierra,
y desde que has muerto sólo me ha besado
 la luz de esa estrella.

(Quedan en silencio, abrazados y mirándose.)

CRISPÍN.—*(Que aparece por la segunda izquier-*
da. Aparte.)

¡Noche, poesía, locuras de amante!...
¡Todo ha de servirnos en esta ocasión!
¡El triunfo es seguro! ¡Valor y adelante!
¿Quién podrá vencernos si es nuestro el amor?
*(Silvia y Leandro, abrazados, se dirigen muy
despacio a la primera derecha. Crispín los sigue
sin ser visto por ellos. El telón va bajando muy
despacio.)*

TELÓN

ACTO SEGUNDO

CUADRO TERCERO

Sala en casa de Leandro

ESCENA I

CRISPÍN, *el* CAPITÁN, ARLEQUÍN. *Salen por la segunda derecha, o sea el pasillo*

CRISPÍN.—Entrad, caballeros, y sentaos con toda comodidad. Diré que os sirvan algo... ¡Hola! ¡Eh! ¡Hola!

CAPITÁN.—De ningún modo. No aceptamos nada.

ARLEQUÍN.—Sólo venimos a ofrecernos a tu señor, después de lo que hemos sabido.

CAPITÁN.—¡Increíble traición, que quedará sin castigar! ¡Yo te aseguro que si el señor Polichinela se pone al alcance de mi mano!...

ARLEQUÍN.—¡Ventaja de los poetas! Yo siempre le tendré al alcance de mis versos... ¡Oh! La tremenda sátira que pienso dedicarle... ¡Viejo dañino, viejo malvado!

CAPITÁN.—¿Y dices que tu amo no fué siquiera herido?

CRISPÍN.—Pero pudo ser muerto. ¡Figuraos! Una docena de espadachines asaltándole de improviso! Gracias a su valor, a su destreza, a mis voces...

ARLEQUÍN.—¿Y ello sucedió anoche, cuando tu señor hablaba con Silvia por la tapia de su jardín?

CRISPÍN.—Ya mi señor había tenido aviso...: pero ya le conocéis: no es hombre para intimidarse por nada.

CAPITÁN.—Pero debió advertinos...

ARLEQUÍN.—Debió advertir al señor Capitán. Él le hubiera acompañado gustoso.

CRISPÍN.—Ya conocéis a mi señor. Él solo se basta.

CAPITÁN.—¿Y dices que por fin conseguiste atrapar por el cuello a uno de los malandrines, que confesó que todo estaba preparado por el señor Polichinela para deshacerse de tu amo?...

CRISPÍN.—¿Y quién sino él podía tener interés en ello? Su hija ama a mi señor; él trata de casarla a su gusto; mi señor estorba sus planes, y el señor Polichinela supo toda su vida cómo suprimir estorbos. ¿No enviudó dos veces en poco tiempo? ¿No heredó en menos a todos sus parientes, viejos y jóvenes? Todos lo saben, nadie dirá que le calumnio... ¡Ah! La riqueza del señor Polichinela es un insulto a la humanidad y a la justicia. Sólo entre gente sin honor puede triunfar impune un hombre como el señor Polichinela.

ARLEQUÍN.—Dices bien. Y yo en mi sátira he de decir todo eso... Claro que sin nombrarle, porque la poesía no debe permitirse tanta licencia.

CRISPÍN.—¡Bastante le importará a él de vuestra sátira!

CAPITÁN.—Dejadme, dejadme a mí, que como él se ponga al alcance de mi mano... Pero bien sé que él no vendrá a buscarme.

CRISPÍN.—Ni mi señor consentiría que se ofendiera al señor Polichinela. A pesar de todo, es el padre de Silvia. Lo que importa es que todos sepan en la ciudad cómo mi amo estuvo a punto de ser asesinado, cómo no puede consentirse que ese viejo zorro contraríe la voluntad y el corazón de su hija.

ARLEQUÍN.—No puede consentirse; el amor está sobre todo.

CRISPÍN.—Y si mi amo fuera algún ruin sujeto... Pero, decidme: ¿no es el señor Polichinela el que debía enorgullecerse de que mi señor se haya dignado enamorarse de su hija y aceptarle por suegro? ¡Mi señor, que a tantas doncellas de linaje excelso ha despreciado, y por quien más de cuatro princesas hicieron cuatro mil locuras!... Pero ¿quién llega? *(Mirando hacia la segunda derecha.)* ¡Ah Colombina! ¡Adelante, graciosa Colombina, no hayas temor! *(Sale Colombina.)* Todos somos amigos, y nuestra mutua amistad te defiende de nuestra unánime admiración.

ESCENA II

DICHOS y COLOMBINA, *que sale por la segunda derecha. o sea el pasillo*

COLOMBINA.—Doña Sirena me envía a saber de tu señor. Apenas rayaba el día, vino Silvia a nuestra casa, y refirió a mi señora todo lo sucedido. Dice que no volverá a casa de su padre, ni saldrá de casa de mi señora más que para ser la esposa del señor Leandro.

CRISPÍN.—¿Eso dice? ¡Oh noble joven! ¡Oh corazón amante!

ARLEQUÍN.—¡Qué epitalamio pienso componer a sus bodas!

COLOMBINA.—Silvia cree que Leandro está malherido... Desde su balcón oyó ruido de espadas, tus voces en demanda de auxilio. Después cayó sin sentido, y así la hallaron al amanecer. Decidme lo que sea del señor Leandro, pues muere de angustia hasta saberlo, y mi señora también quedó en cuidado.

CRISPÍN.—Dile que mi señor pudo salvarse, porque amor le guardaba; dile que sólo de amor muere con incurable herida... Dile... *(Viendo venir a Leandro.)* ¡Ah! Pero aquí llega él mismo, que te dirá cuanto yo pudiera decirte.

ESCENA III

DICHOS y LEANDRO, *que sale por la primera derecha*

CAPITÁN.—*(Abrazándole.)* ¡Amigo mío!

ARLEQUÍN.—*(Abrazándole.)* ¡Amigo y señor!

COLOMBINA.—¡Ah señor Leandro! ¡Que estáis salvo! ¡Qué alegría!

LEANDRO.—¿Cómo supisteis?

COLOMBINA.—En toda la ciudad no se habla de otra cosa; por las calles se reúne la gente en corrillos, y todos murmuran y claman contra el señor Polichinela.

LEANDRO.—¿Qué decís?

CAPITÁN.—¡Y si algo volviera a intentar contra vos!...

ARLEQUÍN.—¿Y si aún quisiera oponerse a vuestros amores?

COLOMBINA.—Todo sería inútil. Silvia está en casa de mi señora, y sólo saldrá de allí para ser vuestra esposa...

LEANDRO.—¿Silvia en vuestra casa? Y su padre...

COLOMBINA.—El señor Polichinela hará muy bien en ocultarse.

CAPITÁN.—¡Creyó que a tanto podría atreverse con su riqueza insolente!

ARLEQUÍN.—Pudo atreverse a todo, pero no al amor...

COLOMBINA.—¡Pretender asesinaros tan villanamente!

CRISPÍN.—¡Doce espadachines, doce...; yo los conté!

LEANDRO.—Yo sólo pude distinguir a tres o cuatro.

CRISPÍN.—Mi señor concluirá por deciros que no fué tanto el riesgo, por no hacer mérito de su serenidad y de su valor... ¡Pero yo lo vi! Doce eran, doce, armados hasta los dientes, decididos a todo. ¡Imposible me parece que escapara con vida!

COLOMBINA.—Corro a tranquilizar a Silvia y a mi señora.

CRISPÍN.—Escucha, Colombina. A Silvia, ¿no fuera mejor no tranquilizarla?...

COLOMBINA.—Déjalo a cargo de mi señora. Silvia cree a estas horas que tu señor está moribundo, y aunque doña Sirena finge contenerla..., no tardará en venir aquí sin reparar en nada.

CRISPÍN.—Mucho fuera que tu señora no hubiera pensado en todo.

CAPITÁN.—Vamos también, pues ya en nada podemos aquí serviros. Lo que ahora conviene es sostener la indignación de las gentes contra el señor Polichinela.

ARLEQUÍN.—Apedrearemos su casa... Levantaremos a toda la ciudad en contra suya... Sepa que si hasta hoy nadie se atrevió contra él, hoy todos juntos nos atreveremos; sepa que hay un espíritu y una conciencia en la multitud.

COLOMBINA.—Él mismo tendrá que venir a rogaros que toméis a su hija por esposa.

CRISPÍN.—Sí, sí; corred, amigos. Ved que la vida de mi señor no está segura... El que una vez quiso asesinarle, no se detendrá por nada.

CAPITÁN.—No temáis... ¡Amigo mío!

ARLEQUÍN.—¡Amigo y señor!

COLOMBINA.—¡Señor Leandro!

LEANDRO.—Gracias a todos, amigos míos, amigos leales. (*Se van todos, menos Leandro y Crispín, por la segunda derecha.*)

ESCENA IV

LEANDRO y CRISPÍN

LEANDRO.—¿Qué es esto, Crispín? ¿Qué pretendes? ¿Hasta dónde has de llevarme con tus enredos? ¿Piensas que lo creí? Tú pagaste a los espadachines; todo fué invención tuya. ¡Mal hubiera podido valerme contra todos si ellos no vinieran de burla!

CRISPÍN.—¿Y serás capaz de reñirme, cuando así anticipo el logro de tus esperanzas?

LEANDRO.—No, Crispín, no. ¡Bien sabes que no! Amo a Silvia y no lograré su amor con engaños, suceda lo que suceda.

CRISPÍN.—Bien sabes lo que ha de sucederte... ¡Si amar es resignarse a perder lo que se ama por sutilezas de conciencia..., que Silvia misma no ha de agradecerte!...

LEANDRO.—¿Qué dices? ¡Si ella supiera quién soy!

CRISPÍN.—Y cuando lo sepa, ya no serás el que fuiste: serás su esposo, su enamorado esposo, todo lo enamorado y lo fiel y lo noble que tú quieras y ella puede desear... Una vez dueño de su amor..., y de su dote, ¿no serás el más perfecto caballero? Tú no eres como el señor Polichinela, que con todo su dinero, que tantos lujos le permite, aún no se ha permitido el lujo de ser honrado... En él es naturaleza la truhanería; pero en ti, en ti fué sólo necesidad... Y aun si no me hubieras tenido a tu lado, ya te hubieras dejado morir de hambre de puro escrupuloso. ¡Ah! ¿Crees que si yo hubiera hallado en ti otro hombre me hubiera contentado con dedicarte a enamorar?... No; te hubiera dedicado a la política, y no al dinero del señor Polichinela; el mundo hubiera sido nuestro... Pero no eres ambicioso, te contentas con ser feliz...

LEANDRO.—Pero ¿no viste que mal podía serlo? Si hubiera mentido para ser amado y ser rico de este modo, hubiera sido porque yo no amaba, y mal podía ser feliz. Y si amo, ¿cómo puedo mentir?

CRISPÍN.—Pues no mientas. Ama, ama con todo tu corazón, inmensamente. Pero defiende tu amor sobre todo. En amor no es mentir callar lo que puede hacernos perder la estimación del ser amado.

LEANDRO.—Ésas sí que son sutilezas, Crispín.

CRISPÍN.—Que tú debiste hallar antes si tu amor fuera como dices. Amor es todo sutileza, y la mayor de todas no es engañar a los demás, sino engañarse a sí mismo.

LEANDRO.—Yo no puedo engañarme, Crispín. No soy de esos hombres que cuando venden su conciencia se creen en el caso de vender también su entendimiento.

CRISPÍN.—Por eso dije que no servías para la política. Y bien dices. Que el entendimiento es la conciencia de la verdad, y el que llega a perderla entre las mentiras de su vida, es como si se perdiera a sí propio, porque ya nunca volverá a encontrarse ni a conocerse, y él mismo vendrá a ser otra mentira.

LEANDRO.—¿Dónde aprendiste tanto, Crispín?

CRISPÍN.—Medité algún tiempo en galeras, donde esta conciencia de mi entendimiento me acusó más de torpe que de pícaro. Con más picardía y menos torpeza, en vez de remar en ellas pude haber llegado a mandarlas. Por eso juré no volver en mi vida. Piensa de qué no seré capaz ahora que por tu causa me veo a punto de quebrantar mi juramento.

LEANDRO.—¿Qué dices?

CRISPÍN.—Que nuestra situación es ya insostenible, que hemos apurado nuestro crédito, las gentes ya empiezan a pedir algo efectivo. El hostelero, que nos albergó con toda esplendidez por muchos días, esperando que recibieras tus libranzas. El señor Pantalón, que, fiado en el crédito del hostelero, nos proporcionó cuanto fué preciso para instalarnos con suntuosidad en esta casa... Mercaderes de todo género, que no dudaron en proveernos de todo, deslumbrados por tanta grandeza. Doña Sirena misma, que tan buenos oficios nos ha prestado en tus amores... Todos han esperado lo razonable, y sería injusto pretender más de ellos, ni quejarse de tan amable gente... ¡Con letras de oro quedará grabado en mi corazón el nombre de esta insigne ciudad que desde ahora declaro por mi madre adoptiva! A más de éstos..., ¿olvidas que de otras partes habrán salido y andarán en busca nuestra? ¿Piensas que las hazañas de Mantua y de Florencia son para olvidarlas? ¿Recuerdas el famoso proceso de Bolonia?... ¡Tres mil doscientos folios sumaban cuando nos ausentamos alarmados de verle crecer tan sin tino! ¿Qué no habrá aumentado bajo la pluma de aquel gran doctor jurista que le había tomado por su cuenta? ¡Qué de considerandos y de resultandos de que no resultará cosa buena! ¿Y aún dudas? ¿Y aún me reprendes porque di la batalla que puede decidir en un día de nuestra suerte?

LEANDRO.—¡Huyamos!

CRISPÍN.—¡No! ¡Basta de huir a la desesperada! Hoy ha de fijarse nuestra fortuna... Te di el amor, dame tú la vida.

LEANDRO.—Pero ¿cómo salvarnos? ¿Qué puedo yo hacer? Dime.

CRISPÍN.—Nada ya. Basta con aceptar lo que los demás han de ofrecernos. Piensa que hemos creado muchos intereses y es interés de todos el salvarnos.

ESCENA V

DICHOS y DOÑA SIRENA, *que sale por la segunda derecha, o sea el pasillo*

SIRENA.—¿Dais licencia, señor Leandro?

LEANDRO.—¡Doña Sirena! ¿Vos en mi casa?

SIRENA.—Ya veis a lo que me expongo. A tantas lenguas maldicientes. ¡Yo en casa de un caballero, joven, apuesto!

CRISPÍN.—Mi señor sabría hacer callar a los maldicientes si alguno se atreviera a poner sospechas en vuestra fama.

SIRENA.—¿Tu señor? No me fío. ¡Los hombres son tan jactanciosos! Pero en nada reparo por serviros. ¿Qué me decís, señor, que anoche quisieron daros muerte? No se habla de otra cosa... ¡Y Silvia! ¡Pobre niña! ¡Cuánto os ama! ¡Quisiera saber qué hicisteis para enamorarla de ese modo!

CRISPÍN.—Mi señor sabe que todo lo debe a vuestra amistad.

SIRENA.—No diré yo que no me deba mucho... que siempre hablé de él como yo no debía, sin conocerle lo bastante... A mucho me atreví por amor vuestro. Si ahora faltáis a vuestras promesas...

CRISPÍN.—¿Dudáis de mi señor? ¿No tenéis cédula firmada de su mano?...

SIRENA.—¡Buena mano y buen nombre! ¿Pensáis que todos no nos conocemos? Yo sé confiar y se que el señor Leandro cumplirá como debe. Pero si vierais que hoy es un día aciago para mí, y por lograr hoy una mitad de lo que se me ha ofrecido, perdería gustosa la otra mitad...

CRISPÍN.—¿Hoy decís?

SIRENA.—¡Día de tribulaciones! Para que nada falte, veinte años hace hoy también que perdí a mi segundo marido, que fué el primero, el único amor de mi vida.

CRISPÍN.—Dicho sea en elogio del primero.

SIRENA.—El primero me fué impuesto por mi padre. Yo no le amaba, y a pesar de ello supe serle fiel.

CRISPÍN.—¿Qué no sabréis vos, doña Sirena?

SIRENA.—Pero dejemos los recuerdos, que todo lo entristecen. Hablemos de esperanzas. ¿Sabéis que Silvia quiso venir conmigo?

LEANDRO.—¿Aquí, a esta casa?

SIRENA.—¿Qué os parece? ¿Qué diría el señor Polichinela? ¡Con toda la ciudad soliviantada contra él, fuerza le sería casaros!

LEANDRO.—No, no; impedidla que venga.

CRISPÍN.—¡Chis! Comprenderéis que mi señor no dice lo que siente.

SIRENA.—Lo comprendo... ¿Qué no daría él por ver a Silvia a su lado, para no separarse nunca de ella?

CRISPÍN.—¿Qué daría? ¡No lo sabéis!

SIRENA.—Por eso lo pregunto.

CRISPÍN.—¡Ah doña Sirena!... Si mi señor es hoy esposo de Silvia, hoy mismo cumplirá lo que os prometió.

SIRENA.—¿Y si no lo fuera?

CRISPÍN.—Entonces..., lo habréis perdido todo. Ved lo que os conviene.

LEANDRO.—¡Calla, Crispín! ¡Basta! No puedo consentir que mi amor se trate como mercancía.

Salid, doña Sirena, decid a Silvia que vuelva a
casa de su padre, que no venga aquí en modo alguno, que me olvide para siempre, que yo he de
huir donde no vuelva a saber de mi nombre... ¡Mi
nombre! ¿Tengo yo nombre acaso?

CRISPÍN.—¿No callarás?

SIRENA.—¿Qué le dió? ¡Qué locura es ésta! ¡Volved en vos! ¡Renunciar de ese modo a tan gran
ventura!... Y no se trata sólo de vos. Pensad que
hay quien todo lo fió en vuestra suerte, y no puede
burlarse así de una dama de calidad que a tanto
se expuso por serviros. Vos no haréis tal locura;
vos o caseréis con Silvia, o habrá quien sepa pe-
diros cuenta de vuestros engaños, que no estoy
tan sola en el mundo como pudisteis creer, señor
Leandro.

CRISPÍN.—Doña Sirena dice muy bien. Pero
creed que mi señor sólo habla así ofendido por
vuestra desconfianza.

SIRENA.—No es desconfianza en él... Es, todo he
de decirlo..., es que el señor Polichinela no es hombre de dejarse burlar..., y ante el clamor que habéis levantado contra él con vuestra estratagema
de anoche...

CRISPÍN.—¿Estratagema decís?

SIRENA.—¡Bah! Todos nos conocemos. Sabed que
uno de los espadachines es pariente mío, y los
otros me son también muy allegados... Pues bien:
el señor Polichinela no se ha descuidado, y ya se
murmura por la ciudad que ha dado aviso a la
Justicia de quién sois y cómo puede perderos; dí-
cese también que hoy llegó de Bolonia un proceso...

CRISPÍN.—¡Y un endiablado doctor con él! Tres
mil novecientos folios...

SIRENA.—Todo esto se dice, se asegura. Ved si importa no perder tiempo.

CRISPÍN.—¿Y quién lo malgasta y lo pierde sino vos? Volved a vuestra casa... Decid a Silvia...

SIRENA.—Silvia está aquí. Vino junto con Colombina, como otra doncella de mi acompañamiento. En vuestra antecámara espera. Le dije que estabais muy malherido...

LEANDRO.—¡Oh Silvia mía!

SIRENA.—Sólo pensó en que podíais morir..., nada pensó en lo que arriesgaba con venir a veros. ¿Soy vuestra amiga?

CRISPÍN.—Sois adorable. Pronto. Acostaos aquí, haceos el doliente y el desmayado. Ved que si es preciso yo sabré que lo estéis de veras. (*Amenazándole y haciéndole sentar en un sillón.*)

LEANDRO.—Sí, soy vuestro; lo sé, lo veo... Pero Silvia no lo será. Sí, quiero verla; decidle que llegue, que he de salvarla a pesar vuestro, a pesar de todos, a pesar de ella misma.

CRISPÍN.—Comprenderéis que mi señor no siente lo que dice.

SIRENA.—No lo creo tan necio ni tan loco. Ven conmigo. (*Se va con Crispín por la segunda derecha, o sea el pasillo.*)

ESCENA VI

LEANDRO y SILVIA, *que sale por la segunda derecha*

LEANDRO.—¡Silvia! ¡Silvia mía!

SILVIA.—¿No estás herido?

LEANDRO.—No; ya lo ves... Fué un engaño, un engaño más para traerte aquí. Pero no temas;

pronto vendrá tu padre; pronto saldrás con él
sin que nada tengas tú que reprocharme... ¡Oh!
Sólo el haber empañado la serenidad de tu alma
con una ilusión de amor, que para ti sólo será el
recuerdo de un mal sueño.

SILVIA.—¿Qué dices, Leandro? ¿Tu amor no era
verdad?

LEANDRO.—¡Mi amor, sí...; por eso no he de
engañarte! Sal de aquí pronto, antes de que nadie,
fuera de los que aquí te trajeron, pueda saber
que viniste.

SILVIA.—¿Qué temes? ¿No estoy segura en tu
casa? Yo no dudé en venir a ella... ¿Qué peligros
pueden amenazarme a tu lado?

LEANDRO.—Ninguno; dices bien. Mi amor te
defiende de tu misma inocencia.

SILVIA.—No he de volver a casa de mi padre
después de su acción horrible.

LEANDRO.—No, Silvia, no culpes a tu padre. No
fué él; fué otro engaño más, otra mentira... Huye
de mí, olvida a este miserable aventurero, sin
nombre, perseguido por la Justicia.

SILVIA.—¡No, no es cierto! Es que la conducta
de mi padre me hizo indigna de vuestro cariño.
Eso es. Lo comprendo... ¡Pobre de mí!

LEANDRO.—¡Silvia! ¡Silvia mía! ¡Qué crueles
tus dulces palabras! ¡Qué cruel esa noble confianza de tu corazón, ignorante del mal y de la vida!

ESCENA VII

Dichos y Crispín, *que sale corriendo*
por la segunda derecha

CRISPÍN.—¡Señor! ¡Señor! El señor Polichinela llega.

SILVIA.—¡Mi padre!

LEANDRO.—¡Nada importa! Yo os entregaré a él por mi mano.

CRISPÍN.—Ved que no viene solo, sino con mucha gente y justicia con él.

LEANDRO.—¡Ah! ¡Si te hallan aquí! ¡En mi poder! Sin duda tú les diste aviso... Pero no lograréis vuestro propósito.

CRISPÍN.—¿Yo? No por cierto... Que esto va de veras, y ya temo que nadie pueda salvarnos.

LEANDRO.—¡A nosotros no; ni he de intentarlo!... Pero a ella sí. Conviene ocultarle; queda aquí.

SILVIA.—¿Y tú?

LEANDRO.—Nada temas. ¡Pronto, que llegan! *(Esconde a Silvia en la habitación del foro, diciéndole a Crispín:)* Tú verás lo que trae a esa gente. Sólo cuida de que nadie entre ahí hasta mi regreso... No hay otra huída. *(Se dirige a la venta.)*

CRISPÍN.—*(Deteniéndole.)* ¡Señor! ¡Tente! No te mates así!

LEANDRO.—No pretendo matarme ni pretendo escapar; pretendo salvarla. *(Trepa hacia arriba por la escalera y desaparece.)*

CRISPÍN.—¡Señor, señor! ¡Menos mal! Creí que intentaba arrojarse al suelo, pero trepó hacia arriba... Esperemos todavía... Aún quiere volar... Es

su región, las alturas. Yo, a la mía: la tierra...
Ahora más que nunca conviene afirmarse en ella.
(Se sienta en un sillón con mucha calma.)

ESCENA VIII

CRISPÍN, el SEÑOR POLICHINELA, el HOSTELERO, el
SEÑOR PANTALÓN, el CAPITÁN, ARLEQUÍN, el DOC-
TOR, el SECRETARIO y dos ALGUACILES *con enormes
protocolos de curia. Todos salen por la segunda
derecha, o sea el pasillo*

POLICHINELA.—*(Dentro, a gente que se supone
fuera.)* ¡Guardad bien las puertas, que nadie salga, hombre ni mujer, ni perro ni gato!

HOSTELERO.—¿Dónde están, dónde están esos
bandoleros, esos asesinos?

PANTALÓN.—¡Justicia! ¡Justicia! ¡Mi dinero!
¡Mi dinero! *(Van saliendo todos por el orden que
se indica. El Doctor y el Secretario se dirigen a
la mesa y se disponen a escribir. Los dos Alguaciles, de pie, teniendo en las manos enormes protocolos del proceso.)*

CAPITÁN.—Pero, ¿es posible lo que vemos, Crispín?

ARLEQUÍN.—¿Es posible lo que sucede?

PANTALÓN.—¡Justicia! ¡Justicia! ¡Mi dinero!
¡Mi dinero!

HOSTELERO.—¡Que los prendan..., que se asegu-
ren de ellos!

PANTALÓN.—¡No escaparán..., no escaparán!

CRISPÍN.—Pero, ¿qué es esto? ¿Cómo se atropella así la mansión de un noble caballero? Agradez-
can la ausencia de mi señor.

PANTALÓN.—¡Calla, calla, que tú eres su cómplice y has de pagar con él!

HOSTELERO.—¿Cómo cómplice? Tan delincuente como su pretendido señor..., que él fué quien me engañó.

CAPITÁN.—¿Qué significa esto, Crispín?

ARLEQUÍN.—¿Tiene razón esta gente?

POLICHINELA.—¿Qué dices ahora, Crispín? ¿Pensaste que habían de valerte tus enredos conmigo? ¿Conque yo pretendí asesinar a tu señor? ¿Conque yo soy un viejo avaro que sacrifica a su hija? ¿Conque toda la ciudad se levanta contra mí llenándome de insultos? Ahora veremos.

PANTALÓN.—Dejadle, señor Polichinela, que éste es asunto nuestro, que al fin vos no habéis perdido nada. Pero yo..., ¡todo mi caudal, que lo presté sin garantía! ¡Perdido me veré para toda la vida! ¿Qué será de mí?

HOSTELERO.—¿Y yo, decidme, que gasté lo que no tenía y aun hube de empeñarme por servirle como creí correspondía a su calidad? ¡Esto es mi destrucción, mi ruina!

CAPITÁN.—¡Y nosotros también fuimos ruinmente engañados! ¿Qué se dirá de mí, que puse mi espada y mi valor al servicio de un aventurero?

ARLEQUÍN.—¿Y de mí, que le dediqué soneto tras soneto como al más noble señor?

POLICHINELA.—¡Ja, ja, ja!

PANTALÓN.—¡Sí, reíd, reíd!... Como nada perdisteis...

HOSTELERO.—Como nada os robaron...

PANTALÓN.—¡Pronto, pronto! ¿Dónde está el otro pícaro?

HOSTELERO.—Registradlo todo hasta dar con él.

CRISPÍN.—Poco a poco. Si dais un solo paso...
(Amenazando con la espada.)

PANTALÓN.—¿Amenazas todavía? ¿Y esto ha de
sufrirse? ¡Justicia, justicia!

HOSTELERO.—¡Eso es, justicia!

DOCTOR.—Señores... Si no me atendéis, nada
conseguiremos. Nadie puede tomarse justicia por
su mano, que la justicia no es atropello ni ven-
ganza y *summum jus, summa injuria.* La justicia
es todo sabiduría, y la sabiduría es todo orden, y
el orden es todo razón, y la razón es todo procedimiento, y el procedimiento es todo lógica. *Bar-
bara, Celarent, Darii, Ferioque, Barilapton,* de-
positad en mí vuestros agravios y querellas, que
todo ha de unirse a este proceso que conmigo
traigo.

CRISPÍN.—¡Horror! ¡Aún ha crecido!

DOCTOR.—Constan aquí otros muchos delitos de
estos hombres, y a ellos han de sumarse estos de
que ahora les acusáis. Y yo seré parte en todos
ellos; sólo así obtendréis la debida satisfacción y
justicia. Escribid, señor Secretario, y vayan de-
poniendo los querellantes.

PANTALÓN.—Dejadnos de embrollos, que bien conocemos vuestra justicia.

HOSTELERO.—No se escriba nada, que todo será
poner lo blanco negro. Y quedaremos nosotros sin
nuestro dinero y ellos sin castigar.

PANTALÓN.—Eso, eso... ¡Mi dinero, mi dinero!
¡Y después justicia!

DOCTOR.—¡Gente indocta, gente ignorante, gente incivil! ¿Qué idea tenéis de la justicia? No
basta que os digáis perjudicados si no pareciese
bien claramente que hubo intención de causaros
perjuicio, esto es, fraude o dolo, que no es lo

mismo... aunque la vulgar aceptación los confunda. Pero sabed..., que en el un caso...

PANTALÓN.—¡Basta! ¡Basta! Que acabaréis por decir que fuimos nosotros los culpables.

DOCTOR.—¡Y como pudiera ser si os obstináis en negar la verdad de los hechos!...

HOSTELERO.—¡Ésta es buena! Que fuimos robados. ¿Qué más verdad ni más claro delito?

DOCTOR.—Sabed que robo no es lo mismo que hurto; y mucho menos que fraude o dolo, como dije primero. Desde las Doce Tablas hasta Justiniano, Triboniano, Emiliano y Triberiano...

PANTALÓN.—Todo fué quedarnos sin nuestro dinero... Y de ahí no habrá quien nos saque.

POLICHINELA.—El señor Doctor habla muy en razón. Confiad en él, y que todo conste en proceso.

DOCTOR.—Escribid, escribid luego, señor Secretario.

CRISPÍN.—¿Quieren oírme?

PANTALÓN.—¡No, no! Calle el pícaro..., calle el desvergonzado.

HOSTELERO.—Ya hablaréis donde os pesará.

DOCTOR.—Ya hablará cuando le corresponda, que a todos ha de oírse en justicia... Escribid, escribid. En la ciudad de..., a tantos... No sería malo proceder primeramente al inventario de cuanto hay en la casa.

CRISPÍN.—No dará tregua a la pluma...

DOCTOR.—Y proceder al depósito de fianza por parte de los querellantes, porque no pueda haber sospecha en su buena fe. Bastará con dos mil escudos de presente y caución de todos sus bienes.

PANTALÓN.—¿Qué decís? ¡Nosotros dos mil escudos!

DOCTOR.—Ocho debieran ser; pero basta que seáis personas de algún crédito para que todo se tenga en cuenta, que nunca fuí desconsiderado...

HOSTELERO.—¡Alto, y no se escriba más, que no hemos de pasar por eso!

DOCTOR.—¿Cómo? ¿Así se atropella a la Justicia? Ábrase proceso separado por violencia y mano airada contra un ministro de Justicia en funciones de su ministerio.

PANTALÓN.—¡Este hombre ha de perdernos!

HOSTELERO.—¡Está loco!

DOCTOR.—¿Hombre y loco, decís? Hablen con respeto. Escribid, escribid que hubo también ofensas de palabra...

CRISPÍN.—Bien os está por no escucharme.

PANTALÓN.—Habla, habla, que todo será mejor, según vemos.

CRISPÍN.—Pues atajen a ese hombre, que levantará monte con sus papelotes.

PANTALÓN.—¡Basta, basta ya, decimos!

HOSTELERO.—Deje la pluma...

DOCTOR.—Nadie sea osado a poner mano en nada.

CRISPÍN.—Señor Capitán, sírvanos vuestra espada, que es también atributo de justicia.

CAPITÁN.—*(Va a la mesa y da un fuerte golpe con la espada en los papeles que está escribiendo el Doctor.)* Háganos la merced de no escribir más.

DOCTOR.—Ved lo que es pedir las cosas en razón. Suspended las actuaciones, que hay cuestión previa a dilucidar... Hablen las partes entre sí... Bueno fuera, no obstante, proceder en el ínterin al inventario...

PANTALÓN.—¡No, no!

DOCTOR.—Es formalidad que no puede evitarse.

CRISPÍN.—Ya escribiréis cuando sea preciso. Dejadme ahora hablar aparte con estos honrados señores.

DOCTOR.—Si os conviene sacar testimonio de cuanto aquí les digáis...

CRISPÍN.—Por ningún modo. No se escriba una letra, o no hablaré palabra.

CAPITÁN.—Deje hablar al mozo.

CRISPÍN.—¿Y qué he de deciros? ¿De qué os quejáis? ¿De haber perdido vuestro dinero? ¿Qué pretendéis? ¿Recobrarlo?

PANTALÓN.—¡Eso, eso! ¡Mi dinero!

HOSTELERO.—¡Nuestro dinero!

CRISPÍN.—Pues escuchadme aquí... ¿De dónde habéis de cobrarlo si así quitáis crédito a mi señor y así hacéis imposible su boda con la hija del señor Polichinela? ¡Voto a..., que siempre pedí tratar con pícaros mejor que con necios! Ved lo que hicisteis y cómo se compondrá ahora con la Justicia de por medio. ¿Qué lograréis ahora si dan con nosotros en galeras o en sitio peor? ¿Será buena moneda para cobraros las túrdigas de nuestro pellejo? ¿Seréis más ricos, más nobles o más grandes cuando nosotros estemos perdidos? En cambio, si no nos hubierais estorbado a tan mal tiempo, hoy, hoy mismo tendríais vuestro dinero, con todos sus intereses..., que ellos solos bastarían a llevaros a la horca, si la Justicia no estuviera en esas manos y en esas plumas... Ahora haced lo que os plazca, que ya os dije lo que os convenía...

DOCTOR.—Quedaron suspensos...

CAPITÁN.—Yo aún no puedo creer que ellos sean tales bellacos.

POLICHINELA.—Este Crispín... capaz será de convencerlos.

PANTALÓN.—*(Al Hostelero.)* ¿Qué decís a esto? Bien mirado...

HOSTELERO.—¿Qué decís vos?

PANTALÓN.—Dices que hoy mismo se hubiera casado tu amo con la hija del señor Polichinela. ¿Y si él no da su consentimiento?...

CRISPÍN.—De nada ha de servirle. Que su hija huyó con mi señor... y lo sabrá todo el mundo... y a él más que a nadie importa que nadie sepa cómo su hija se perdió por un hombre sin condición, perseguido por la Justicia.

PANTALÓN.—Si así fuera... ¿Qué decís vos?

HOSTELERO.—No nos ablandaremos. Ved que el bellaco es maestro en embustes.

PANTALÓN.—Decís bien. No sé cómo pude creerlo. ¡Justicia! ¡Justicia!

CRISPÍN.—¡Ved que lo perdéis todo!

PANTALÓN.—Veamos todavía... Señor Polichinela, dos palabras.

POLICHINELA.—¿Qué me queréis?

PANTALÓN.—Suponed que nosotros no hubiéramos tenido razón para quejarnos. Suponed que el señor Leandro fuera, en efecto, el más noble caballero..., incapaz de una baja acción...

POLICHINELA.—¿Qué decís?

PANTALÓN.—Suponed que vuestra hija le amara con locura, hasta el punto de haber huído con él de vuestra casa.

POLICHINELA.—¿Que mi hija huyó de mi casa con ese hombre? ¿Quién lo dijo? ¿Quién fué el desvergonzado?...

PANTALÓN.—No os alteréis. Todo es suposición.

POLICHINELA.—Pues aun así no he de tolerarlo.

PANTALÓN.—Escuchad con paciencia. Suponed que todo eso hubiera sucedido. ¿No os sería forzoso casarla?

POLICHINELA.—¿Casarla? ¡Antes la mataría! Pero es locura pensarlo. Y bien veo que eso quisierais para cobraros a costa mía, que sois otros tales bribones. Pero no será, no será...

PANTALÓN.—Ved lo que decís, y no se habla aquí de bribones cuando estáis presente.

HOSTELERO.—¡Eso, eso!

POLICHINELA.—¡Bribones, bribones, combinados para robarme! Pero no será, no será.

DOCTOR.—No hayáis cuidado, señor Polichinela, que aunque ellos renunciaren a perseguirle, ¿no es nada este proceso? ¿Creéis que puede borrarse nada de cuanto en él consta, que son cincuenta y dos delitos probados y otros tantos que no necesitan probarse?...

PANTALÓN.—¿Qué decís ahora, Crispín?

CRISPÍN.—Que todos esos delitos, si fueran tantos, son como estos otros... Dinero perdido que nunca se pagará si nunca le tenemos.

DOCTOR.—¡Eso no! Que yo he de cobrar lo que me corresponda de cualquier modo que sea.

CRISPÍN.—Pues será de los que se quejaron, que nosotros harto haremos en pagar con nuestras personas.

DOCTOR.—Los derechos de Justicia son sagrados, y lo primero será embargar para ellos cuanto hay en esta casa.

PANTALÓN.—¿Cómo es eso? Esto será para cobrarnos algo.

HOSTELERO.—Claro es; y de otro modo...

DOCTOR.—Escribid, escribid, que si hablan todos nunca nos entenderemos.

PANTALÓN y HOSTELERO.—¡No, no!

CRISPÍN.—Oídme aquí, señor Doctor. Y si se os pagara de una vez y sin escribir tanto vuestros..., ¿cómo los llamáis? ¿Estipendios?

DOCTOR.—Derechos de Justicia.

CRISPÍN.—Como queráis. ¿Qué os parece?

DOCTOR.—En ese caso...

CRISPÍN.—Pues ved que mi amo puede ser hoy rico, poderoso, si el señor Polichinela consiente en casarle con su hija. Pensad que la joven es hija única del señor Polichinela; pensad en que mi señor ha de ser dueño de todo; pensad...

DOCTOR.—Puede, puede estudiarse.

PANTALÓN.—¿Qué os dijo?

HOSTELERO.—¿Qué resolvéis?

DOCTOR.—Dejadme reflexionar. El mozo no es lerdo y se ve que no ignora los procedimientos legales. Porque si consideramos que la ofensa que recibisteis fué puramente pecuniaria y que todo delito que puede ser reparado en la misma forma lleva en la reparación el más justo castigo; si consideramos que así en la ley bárbara y primitiva del Talión se dijo: ojo por ojo, diente por diente, mas no diente por ojo ni ojo por diente... Bien puede decirse en este caso escudo por escudo. Porque al fin, él no os quitó la vida para que podáis exigir la suya en pago. No os ofendió en vuestra persona, honor ni buena fama, para que podáis exigir otro tanto. La equidad es la suprema justicia. *Equitas justitia magna est.* Y desde las Pandectas hasta Triboniano, con Emiliano, Triberiano...

PANTALÓN.—No digáis más. Si él nos pagara...

HOSTELERO.—Como él nos pagara....

POLICHINELA.—¡Qué disparates son éstos, y cómo ha de pagar, ni qué tratar ahora!

CRISPÍN.—Se trata de que todos estáis interesados en salvar a mi señor, en salvarnos por interés de todos. Vosotros, por no perder vuestro dinero; el señor Doctor, por no perder toda esa suma de admirable doctrina que fuisteis depositando en esa balumba de sabiduría; el señor Capitán, porque todos le vieron amigo de mi amo, y a su valor importa que no se murmure de su amistad con un aventurero; vos, señor Arlequín, porque vuestros ditirambos de poeta perderían todo su mérito al saber que tan mal los empleasteis; vos, señor Polichinela..., antiguo amigo mío, porque vuestra hija es ya ante el Cielo y ante los hombres la esposa del señor Leandro.

POLICHINELA. — ¡Mientes, mientes! ¡Insolente, desvergonzado!

CRISPÍN.—Pues procédase al inventario de cuanto hay en la casa. Escribid, escribid, y sean todos estos señores testigos y empiécese por este aposento. (*Descorre el tapiz de la puerta del foro y aparecen formando grupo Silvia, Leandro, Doña Sirena, Colombina y la señora de Polichinela.*)

ESCENA IX

DICHOS, SILVIA, LEANDRO, DOÑA SIRENA, COLOMBINA *y la* SEÑORA DE POLICHINELA, *que aparece por el foro*

PANTALÓN y HOSTELERO.—¡Silvia!

CAPITÁN y ARLEQUÍN.—¡Juntos! ¡Los dos!

POLICHINELA.—¿Conque era cierto? ¡Todos contra mí! ¡Y mi mujer y mi hija con ellos! ¡Todos conjurados para robarme! ¡Prended a ese hombre, a esas mujeres, a ese impostor, o yo mismo...!

PANTALÓN.—¿Estáis loco, señor Polichinela?

LEANDRO.—*(Bajando al proscenio en compañía de los demás.)* Vuestra hija vino aquí creyéndome malherido acompañada de doña Sirena, y yo mismo corrí al punto en busca de vuestra esposa para que también la acompañara. Silvia sabe quién soy, sabe toda mi vida de miserias, de engaños, de bajezas, y estoy seguro que de nuestro sueño de amor nada queda en su corazón... Llevadla de aquí, llevadla; yo os lo pido antes de entregarme a la justicia.

POLICHINELA.—El castigo de mi hija es cuenta mía; pero a ti... ¡Prendedle digo!

SILVIA.—¡Padre! Si no le salváis, será mi muerte. Le amo, le amo siempre, ahora más que nunca. Porque su corazón es noble y fué muy desdichado, y pudo hacerme suya con mentir, y no ha mentido.

POLICHINELA.—¡Calla, calla, loca, desvergonzada! Éstas son las enseñanzas de tu madre..., sus vanidades y fantasías. Éstas son las lecturas romancescas, las músicas a la luz de la luna.

SEÑORA DE POLICHINELA.—Todo es preferible a que mi hija se case con un hombre como tú, para ser desdichada como su madre. ¿De qué me sirvió nunca la riqueza?

SIRENA.—Decís bien, señora Polichinela. ¿De qué sirven las riquezas sin amor?

COLOMBINA.—De lo mismo que el amor sin riquezas.

DOCTOR.—Señor Polichinela, nada os estará mejor que casarlos.

PANTALÓN.—Ved que esto ha de saberse en la ciudad.

HOSTELERO.—Ved que todo el mundo estará de su parte.

CAPITÁN.—Y no hemos de consentir que hagáis violencia a vuestra hija.

DOCTOR.—Y ha de constar en el proceso que fué hallada aquí, junto con él.

CRISPÍN.—Y en mi señor no hubo más falta que carecer de dinero, pero a él nadie le aventajará en nobleza..., y vuestros nietos serán caballeros..., si no dan en salir al abuelo...

TODOS.—¡Casadlos! ¡Casadlos!

PANTALÓN.—O todos caeremos sobre vos.

HOSTELERO.—Y saldrá a relucir vuestra historia...

ARLEQUÍN.—Y nada iréis ganando...

SIRENA.—Os lo pide una dama, conmovida por este amor tan fuera de estos tiempos.

COLOMBINA.—Que más parece de novela.

TODOS.—¡Casadlos! ¡Casadlos!

POLICHINELA.—Cásense enhoramala. Pero mi hija quedará sin dote y desheredada... Y arruinaré toda mi hacienda antes que ese bergante...

DOCTOR.—Eso sí que no haréis, señor Polichinela.

PANTALÓN.—¿Qué disparates son éstos?

HOSTELERO.—¡No lo penséis siquiera!

ARLEQUÍN.—¿Qué se diría?

CAPITÁN.—No lo consentiremos.

SILVIA.—No, padre mío; soy yo la que nada acepto, soy yo la que ha de compartir su suerte. Así le amo.

LEANDRO.—Y sólo así puedo aceptar tu amor... *(Todos corren hacia Silvia y Leandro.)*

DOCTOR.—¿Qué dicen? ¿Están locos?

PANTALÓN.—¡Eso no puede ser!

HOSTELERO.—¡Lo aceptaréis todo!

ARLEQUÍN.—Seréis felices y seréis ricos.

SEÑORA DE POLICHINELA.—¡Mi hija en la miseria! ¡Ese hombre es un verdugo!

SIRENA.—Ved que el amor es niño delicado y resiste pocas privaciones.

DOCTOR.—¡No ha de ser! Que el señor Polichinela firmará aquí mismo espléndida donación, como corresponde a una persona de su calidad y a un padre amantísimo. Escribid, escribid, señor Secretario, que a esto no ha de oponerse nadie.

TODOS. — (Menos Polichinela.) ¡Escribid, escribid!

DOCTOR.—Y vosotros, jóvenes enamorados..., resignaos con las riquezas, que no conviene extremar escrúpulos que nadie agradece.

PANTALÓN.—(A Crispín.) ¿Seremos pagados?

CRISPÍN.—¿Quién lo duda? Pero habéis de proclamar que el señor Leandro nunca os engañó... Ved cómo se sacrifica por satisfaceros aceptando esa riqueza que ha de repugnar sus sentimientos.

PANTALÓN.—Siempre le creímos un noble caballero.

HOSTELERO.—Siempre.

ARLEQUÍN.—Todos lo creímos.

CAPITÁN.—Y lo sostendremos siempre.

CRISPÍN.—Y ahora, Doctor, ese proceso, ¿habrá tierra bastante en la tierra para echarle encima?

DOCTOR.—Mi previsión se anticipa a todo. Bastará con puntuar debidamente algún concepto... Ved aquí: donde dice... "Y resultando que si no declaró...", basta una coma, y dice: "Y resultando que sí, no declaró..." Y aquí: "Y resultando que no, debe condenársele...", fuera la coma, y dice: "Y resultando que no debe condenársele..."

CRISPÍN.—¡Oh admirable coma! ¡Maravillosa coma! ¡Genio de la Justicia! ¡Oráculo de la Ley! ¡Monstruo de la Jurisprudencia!

DOCTOR.—Ahora confío en la grandeza de tu señor.

CRISPÍN.—Descuidad. Nadie mejor que vos sabe cómo el dinero puede cambiar a un hombre.

SECRETARIO.—Yo fuí el que puso y quitó esas comas...

CRISPÍN.—En espera de algo mejor... Tomad esta cadena. Es de oro.

SECRETARIO.—¿De ley?

CRISPÍN.—Vos lo sabréis, que entendéis de leyes.

POLICHINELA.—Sólo impondré una condición: que este pícaro deje para siempre de estar a tu servicio.

CRISPÍN.—No necesitáis pedirlo, señor Polichinela. ¿Pensáis que soy tan pobre de ambiciones como mi señor?

LEANDRO.—¿Quieres dejarme, Crispín? No será sin tristeza de mi parte.

CRISPÍN.—No la tengáis, que ya de nada puedo serviros y conmigo dejáis la piel del hombre viejo... ¿Qué os dije, señor? Que entre todos habían de salvarnos... Creedlo. Para salir adelante con todo, mejor que crear afectos es crear intereses...

LEANDRO.—Te engañas, que sin el amor de Silvia nunca me hubiera salvado.

CRISPÍN.—¿Y es poco interés ese amor? Yo di siempre su parte al ideal y conté con él siempre. Y ahora acabó la farsa.

SILVIA.—(Al público.) Y en ella visteis, como en las farsas de la vida, que a estos muñecos, como a los humanos, muévenlos corderillos groseros, que son los intereses, las pasioncillas, los engaños y

todas las miserias de su condición: tiran unos de
sus pies y los llevan a tristes andanzas; tiran otros
de sus manos, que trabajan con pena, luchan con
rabia, hurtan con astucia, matan con violencia.
Pero entre todos ellos, desciende a veces del cielo
al corazón un hilo sutil, como tejido con luz de sol
y con luz de luna: el hilo del amor, que a los humanos, como a esos muñecos que semejan humanos, les hace parecer divinos, y trae a nuestra frente resplandores de aurora, y pone alas en nuestro
corazón y nos dice que no todo es farsa en la farsa,
que hay algo divino en nuestra vida que es verdad
y es eterno, y no puede acabar cuando la farsa
acaba. *(Telón.)*

FIN DE LA COMEDIA

SEÑORA AMA

COMEDIA EN TRES ACTOS

Esta obra se estrenó en el Teatro de la Princesa,
de Madrid, la noche del 22 de febrero de 1908

PERSONAJES

DOMINICA
MARÍA JUANA
GUBESINDA
DOÑA ROSA
LA DACIA
DOÑA JULITA
LA POLA
LA JORJA
FELICIANO
JOSÉ
TÍO ANICETO
TÍO BEBA
PILARO
FRANCISCO
Mozos y Chicos

La acción en un pueblo de Castilla la Nueva

ACTO PRIMERO

Sala en una casa de labor

ESCENA I

GUBESINDA *y después la* POLA

POLA.—*(Dentro.)* ¡Gubesinda! ¡Gubesinda! ¡Gubesinda! ¿Ande estás?

GUBESINDA.—¡Jesús! ¡La Pola!... ¡Entra por aquí, que ando aviando! ¡Entra, mujer, entra!

POLA.—*(Entrando.)* ¿Cómo lo pasas?

GUBESINDA.—Ya lo ves... tan buena; tú, mejor que nunca.

POLA.—¡No me lo digas, que he estao a la muerte! De milagro lo cuento. Qué, ¿no lo has sabío?

GUBESINDA.—No creí que fuera tanto.

POLA.—¡Hazte cargo! ¡Con el disgusto que hemos tenío con la chica!

GUBESINDA.—¡Mira! Yo soy muy prudente, y no quería ecirte naa; pero ya que eres tú la primera que hablas, hablaré yo también, que si tú no sabes callar, menos tengo yo por qué callarme... Y lo que te digo yo es que tan poca vergüenza ties tú como tu chica; pa que te enteres.

POLA.—¡Mírate mucho antes de soltar esas expresiones!

GUBESINDA.—Las que tenéis que mirarse mucho y teníais de haberse mirao más antes sois vosotras... Pero ¿qué os teníais creío, que naide estábamos enteraos? ¿Que en el pueblo no se sabe la verdá de too?

POLA.—¿Y qué puen decir en el pueblo? Que mi chica y ha tenío una desgracia... No ha sío la primera ni será la última, y si se casa, naide tie que decir na... Después de too, como muchas y de más alto que ella; y si fuéamos a ver, las que más hablan...

GUBESINDA.—¡Y si las que más tenéis hablao de toas en vuestra vida habéis sido vosotras! Pa al fin y a la postre venir a caer en lo mismo, que no hay como hablar pa que too caiga encima... ¿Qué no tendréis hablao de la Jorja y de la Engracia y de la Cicela y de toas?...

POLA.—¡En el nombre del Padre!... ¡Bendito y alabao! Pero ¿es que de mi hija y hay quien puea decir otro tanto? Es que tú tamién has ido a creerte de más de cuatro, que bien las conozgo, y serán las que habrán ido a ecirle al ama lo que haigan querío... Que a eso vengo, a hablarle yo tamién, y que sepa de mi boca la verdá de too.

GUBESINDA.—¡Mejor te hubieas estao en tu casa! ¡Lo que el ama quie es no verte ni oírte, a ti ni a ninguna...! ¡Sinvergonzonas! ¡Desastrás! Que no sé cómo tenéis cara pa presentaros ande ella pisa... ¡Ay, si no fuea una santa, que de puro santa paece boba, como le digo yo y le decimos toos!... ¡Ay, si vosotros tuviáis vergüenza! ¡Y si tuvián vergüenza vuestros maríos, que con eso bastaba, aunque no la tuvieais vosotras!

POLA.—¡Mira, Gubesinda, que si no mirase y que eres tú la que me lo dices!...

GUBESINDA.—¡Y tanto como has de mirarte! Y si quies hacerte caso de mí, vuélvete a la Umbría y no te pongas delante del ama, y tu chica menos.

POLA.—¡Eso es! Pa consentir y que la Jorja, que está más cerca del ama, le haga ver lo que no ha sío, y el ama se crea de ella más que de nosotras, que ésa tie mucha miel y trae engañá a mucha gente.

GUBESINDA.—Descuida, que ni al ama ni a mí, ni la Jorja, ni tú, ni ninguna nos traéis engañás, que toas sois lo mismo... ¿Conque dices y que tu hija se casa? Con Francisco, ¿verdá? ¡Si mientras haiga hombres pa too, tan ricamente! ¿Y el amo el padrino..., con su buen regalo?

POLA.—No hará más que por otros...

GUBESINDA.—¡Y que la Dominica lo consienta y no coja y se vaya a casa de su padre a estar como una reina, como estaba de moza, con too el regalo del mundo!

POLA.—¿Regalo? No sé yo qué le falte; que si ella vino de buena casa, el amo no vino desnudo ni descalzo... Y bien enamoricá d'él andaba, que su padre de ella no quería casarla... Y sus padres d'él querían casarle con la Dacia. Y bien supo ella plantarse con toos, y buen mozo se llevó, y bien orgullosa está ella de habérselo quitao a muchas más principales que andaban desatinás por él.

GUBESINDA.—¡Así es, desatinás! Que la mujer que no mira más que la presencia del hombre, too le está muy merecío... Y así ha sío con la Dominica. ¿Pa qué le ha servío el buen mozo? Pa las demás.

POLA.—¿Dejará de ser ella su mujer y el ama de su casa?

GUBESINDA.—¡Buen consuelo! Pa verse siempre rebajá... ¿Y por quién? Por quien no le llega a la suela del zapato, por cualquier lao que se mire.

POLA.—¿Qué hemos de hacerle? Siempre perdices, cansan. ¡El mundo es así y así son los hombres!

GUBESINDA.—Si yo de los hombres no digo naa..., que ellos naa tienen que perder por naa. Pero las mujeres son las que no tenían que ser como son...

POLA.—¡Ay hija! Naide podemos decir que somos de Dios tan y mientras que no nos tiente el demonio.

GUBESINDA.—¡El demonio! El demonio son las mujeres que no tienen vergüenza, que ellas son las que les tientan a los hombres; que lo tengo muy visto, que los hombres no se propasan a más de lo que las mujeres son consentidoras.

POLA.—¡A saber! Como tú eras ya moza cuando el amo aun no andaba...

GUBESINDA.—¡Que no habrá habío hombres en el mundo hasta que el amo fué mozo! Que en la casa ande yo me crié y he servío toa mi vida no había cuatro que eran la envidia del mundo, y uno el padre del ama, el tío Aniceto, que si viejo da gloria de verlo, qué no sería cuando era más nuevo, como yo le he conocío... Y toos andaban detrás de nosotras, como mozos que eran y mozas que éramos... Pero como no había de casarse ninguno con una pobre..., pues algunas teníamos vergüenza...

POLA.—Algunas, pero no toas; que en todos los tiempos había de too...

GUBESINDA.—¡No me digas! ¡Como esto no se ha visto, y cuando una moza se desgraciaba era una vergüenza pa toa la familia!... Pero ahora... ¡Si parece y que lo tienen a gala! ¡Bendito sea Dios, que no ha querío darme hijos, pa que alguno hubiá sío hija y hubiea tenío que matarla!...

POLA.—Por eso puedes hablar, y porque nunca te ha faltao que comer.

GUBESINDA.—¡Que habré ido a robarlo!

POLA.—¡Ni yo te digo que así sea! ¡Jesús, mujer, y cómo estás conmigo!

GUBESINDA.—Con los trabajos del mundo y con la honra del mundo y el comportamiento que toos saben, lo hemos ganao siempre yo y mi marido... No como otros, que lo que sobra de too en su casa falta de vergüenza... ¡Pa que te enteres!

POLA.—¡Qué voy a enterarme! Pa mí lo que me dices, como si me lo dijera mi madre.

GUBESINDA.—Si por algo y hubiea querío serlo es por haberte tullío a puros golpes, a ver si habías andao derecha, como Dios manda.

ESCENA II

DICHAS, FELICIANO y PILARO

FELICIANO.—*(Dentro.)* ¡Gubesinda! ¡Gubesinda!

GUBESINDA.—¿Qué manda usté?

POLA.—Qué, ¿está aquí el amo?

GUBESINDA.—Pues luego... ¿No lo sabías? Desde antiayer.

POLA.—¡Vaya por Dios!

FELICIANO.—*(Dentro.)* ¡Gubesinda! ¿Qué haces que no vienes?

GUBESINDA.—¡Ya voy, ya voy!... *(A la Pola.)* Ya le tendrás conocío... Tú verás como se entere de que le vienes al ama con cuentos...

POLA.—¡Yo a él qué tengo que icirle! *(Entran Feliciano y Pilaro.)*

FELICIANO.—Pero qué, ¿no has acabao de aviar entoavía?

GUBESINDA.—¡Usté verá! ¡Tamién es usté de bulla! Que la hija de mi madre ha parao desde que llegamos... Usté dirá... Jabelgar y limpiarlo too..., que ende que el ama estuvo la última vez naide se había tomao ese trabajo. ¡Ya se ve! Como aquí no hay criaos, toos son señores!

PILARO.—Ya estás hablando por demás... La Jorja hace su obligación y toos la hacemos... Pero tú siempre ties que argumentar elante del amo.

FELICIANO.—¡Calla tú!... *(Viendo a la Pola.)* ¡La Pola!

POLA.—Sí, señor, aquí estoy... Muy buenos días tenga usté... ¿Cómo lo pasa usté? ¿Y señora ama... y toos?

FELICIANO.—¿Y a qué has venío tú aquí, si pue saberse? ¿Ocurre algo en la Umbría?

POLA.—Naa de particular... He venío porque supimos de cómo venía el ama a la dehesa, y que no andaba muy bien de salú..., y he acudío a ofrecerme...

FELICIANO.—¡Pues maldito lo que pintas! Ya estás arreando... Y no me acudáis tan y mientras que nadie os llame. ¿Has entendío?

GUBESINDA.—Ya estás avisá...

POLA.—Está muy bien... Y qué, ¿no irá el ama por allá cualquier día de éstos?

FELICIANO.—No; aquello no le sienta; con el río y con este temporal, menos... Yo seré el que no tarde en ir por allí; pero antes, que venga Francisco, que tengo que hablarle, pero solo... ¿Lo has entendío?

POLA.—Así lo haré saber de su parte.

FELICIANO.—Y lárgate ya... ¿Has almorzao?

POLA.—No, señor. Salí muy temprano...

FELICIANO.—*(A Gubesinda.)* Dale pan y chorizo... Almuerzas por el camino... Y pa nosotros prepara también algo, que la Jorja está a lavar al arroyo y yo y Pilaro vamos a salir al encuentro del ama, que ya debe venir muy cerca

GUBESINDA.—¿Qué quiere usté que le ponga?

FELICIANO.—Cualquier cosa; lo que esté antes listo...

GUBESINDA.—Tú, Pilaro, a ver si te acuerdas de traerme unas trameras, que la leña que has acarreao hogaño está muy verde y no hay forma de hacerla arder... A más, la dejaste toa la noche al sereno.

PILARO.—No tuve lugar de entrarla en la portalera.

GUBENSINDA.—*(A la Pola.)* Anda, tú, que te dé con que almuerces...

POLA.—Con su permiso. Que usté se conserve tan bueno y que el ama se mejore; quede usté con Dios...

FELICIANO.—Escucha... Me han dicho que Martín ha puesto una denuncia a los de Telesforo...

POLA.—Les pilló cortando leña... y es toos los días, y que no se andan con lo chapodao, sino que arrean con las mejores chaparras. Y a más nos han encojao un perro y han faltao unos atarres de unas caballerías que Martín se dejó olvidadas en el Encinar... Y a más son unos insultadores que han sacao unas coplas muy indecentes... de nosotros y de usté tamién, pa que usté lo sepa.

FELICIANO.—No quiero saber naa; lo que has de decirle a Martín es que no vuelva a poner denuncias a Telesforo sin decírmelo a mí primero.

POLA.—¡Así están de envalentonaos! Habrá sío la Patro la que le haiga venío a usté con el cuento.

PILARO.—¿Te importa a ti?... ¡Que no has de dejar en paz a naide!

FELICIANO.—¡Calla tú!

POLA.—Por nosotros... ¡Mía tú! Mas que no dejen un paligote... ¡Si es gusto del amo!

GUBESINDA.—Too llegará a este paso, que el mejor día nos llevarán a toos por delante con una cadena del pescuezo como en tierra de moros...

FELICIANO.—¡No calles tú tampoco! ¡Seréis cuchareteras!

GUBESINDA.—¡Por mí como si quie usté dejarse azotar!

FELICIANO.—¡A vosotras sí que era menester azotaros! Anda, anda a tu quehacer, y tú arrea luego... ¡Qué mujeres! Con la primera tenían que haber hecho lo que yo hubiá dicho...

POLA.—¡Mal templao está!

GUBESINDA.—Tie su por qué... ¡Y más pue que tenga! Vamos nosotras. (Salen la Gubesinda y la Pola.)

ESCENA III

FELICIANO y PILARO

FELICIANO.—(Sacando de la petaca tabaco picado y papel de fumar.) Vamos a echarlo, Pilaro...

PILARO.—Ésta algo traía.

FELICIANO.—¡Qué iba a traer! Desazones, cuentajos pa el ama. ¡Como si tuviéramos pocos!

PILARO.—Lo que tie esta Pola es que la tie tomá con nosotros. Cuidao que yo se lo tengo dicho a la Jorja, que con ella poca conversación, y apurando más, con ninguna. ¡Toas son lo mismo! ¡Es que lo tengo visto!; en juntándose que se juntan dos mujeres, ya está el infierno...

FELICIANO.—¡Si es que el hombre no debiera de casarse nunca!

PILARO.—Ésa es la mía. El casorio es bueno pa las mujeres, pero los hombres no debían perder su libertá así como así... Y no es que yo me queje, no vaya Dios a castigarme, que otras habrá peor que la Jorja... Pero es lo que yo digo, que a un hombre solo, tire por ande tire, nunca le falta. Yo por mí sé decir que cuando andaba en el servicio yo tenía menos que ahora y nunca me faltaba una peseta; el cómo era, yo no sabré decirlo, pero que así era. Y ende la hora que me casé, siempre ando lampando, que ni pa una docena de pitos tengo nunca una perra de sobra... Y no hay que decir que me haiga quedao sin comer ningún día, no vaya Dios a castigarme, que peor estarán otros; pero que yo no he vuelto a estar como entonces, como yo digo, que no tenía naa y me sobraba too; el cómo era, yo no sabré decirlo, pero que así era... No tire usté... *(Pidiéndole la cerilla para encender el cigarro, que ha ido haciendo con mucha calma.)*

FELICIANO.—Escucha. Cuando fuiste ayer al pueblo, ¿quién andaba por casa? ¿Viste al ama?

PILARO.—Sí que la vi.

FELICIANO.—¿Qué cara tenía?

PILARO.—La cara de siempre, con aquella risa que se ríe por too...

FELICIANO.—¿Habló contigo?

PILARO.—Pues luego... como siempre; me preguntó por toos: por la Jorja, por los muchachos, por Antolín en principalmente; el que ella ha querío más siempre; no sé si porque usté lo sacó de pila...

FELICIANO.—Y al señor Aniceto, ¿le viste?

PILARO.—Ése sí me pareció que andaba mal encarao. Y José tamién.

FELICIANO.—¿También andaba por allí mi hermano?... Y la María Juana, ¿la viste?

PILARO.—A ésa tamién, sí señor, que tenía los ojos como de haber llorao... Como dicen que el señor Aniceto se la lleva al Sotillo, es natural, ella les tie que tener ley a ustedes y a la casa. Ende chica sin separarse del ama...

FELICIANO.—Ella se tie la culpa de todo.

PILARO.—Eso tengo entendío.

FELICIANO.—¿Qué has entendío? ¿Andaste por el pueblo?

PILARO.—No, señor; no andé naa... Cuando voy, nunca ando por el pueblo. ¿Pa qué? Pa tener un día una cuestión con alguno. Son muchas envidias las que le tienen a uno. Ahora, que del caso de la María Juana sí entendí de hablar, porque hablar, ¡hágase usté cargo! ¡Hasta las piedras! Como que no falta quien diga y que el ama se iba con su padre al Sotillo, y porque yo dije que no era verdá, que el ama ande venía era aquí, a la dehesa, ande usté la aguardaba, se me echaron a reír... Conque hoy se verá quién llevaba razón. A más, que no había más que ver al ama pa comprender que too era hablar de la gente, y es no conocerla...

FELICIANO.—Sí, es no conocerla. Pero tanto harán toos y tanto le dirán unos y otros, que acabarán por soliviantarla.

PILARO.—Así es. Es lo que yo digo. ¿Qué le importan a naide los negocios de naide?

FELICIANO.—Ahora no ha tenío naide la culpa más que la María Juana. Yo a ti no voy a decirte una cosa por otra; tú has sío siempre el primer sabedor de toas mis cosas.

PILARO.—Así es, que no ha habío otro que haiga andao más que yo a su lao de usté, ahora y de mozo.

FELICIANO.—Pues lo que te digo, y bien puedes creérmelo, es que yo nunca le he dicho palabra ninguna con intención a la María Juana; que la he mirao siempre como lo que es para mí, como una chiquilla, que la he conocío de toa la vida al lao de la Dominica... Y como lo que toos sabemos que es, porque, ¿quién no lo sabemos?

PILARO.—Así es.

FELICIANO.—Si así no fuera, ¿por qué tenía que haberla acogío el tío Aniceto en su casa cuando murieron sus padres de ella?... Y que ella no ha sío una criada más en casa de mi suegro, sino que ha sío tan hija como la Dominica.

PILARO.—Así ha sío, y bien lo hemos visto. ¡Bueno es el tío Aniceto pa hacer caridades si no hubiera un porqué como ése!

FELICIANO.—De manera que yo la he respetao siempre por dos cosas: primeramente, porque ya sabes que cuando estás siempre al lao de una mujer que has conocío desde chico, pues parece que no hay aquella ilusión que con cualquiera otra que ves de pronto.

PILARO.—Como que así es. Más que querían a mí casarme con una prima hermana que nos habíamos criao juntos, y convenirme me convenía por toos los estilos... Pues nunca pude mirarla en mal sentío... Y estábamos veces solos, y no hay que decir que no lo valía..., pues...

FELICIANO.—A más, ya te digo, bastaba que yo supiera lo que hay y de cómo es hermana de padre de la Dominica, para no pensar en ella ni por entre sueños.

PILARO.—Así había de ser.

FELICIANO.—Pero ya ves qué me ha valío... ¡Si ha sío ella la que ha ido diciendo que yo me había propasao!

PILARO.—Con su idea habrá sío.

FELICIANO.—¡Tan con su idea! Ésa tie más idea de lo que parece. Y es que ella se sabe lo que toos sabemos, y está muy engreída de que es tanto como la Dominica, y se le ha puesto y que ha de casarse con mi hermano José, que será tan bestia que se casará con ella y dejará a la Dacia, que baste que ya estuvo pa casarse conmigo y que toos en las dos familias queramos que se case, pa que él nos lleve a toos la contra... Y como María Juana ve too esto, pa emberrenchinarle más, sale con que yo la traigo acosá. Y pa que el tío Aniceto se amontone y se la quiea llevar consigo, que al fin la sangre, como dicen, sin fuego hierve... Y pa que la Dominica se alborote también y salga diciendo que no respeto naa, y tendría razón si fuera verdá..., y pa que mi hermano se vuelva contra mí y se ciegue por ella, y pa que toos hablen y traigan y lleven...Y yo me haiga venío aquí por no oírlos a toos, que de naa me ha servío, que toos han de acudir aquí, como ves, ca uno con su música, que es mucha música, más, cuando estoy inocente de too... ¡Puedes creérmelo!

PILARO.—Sí que lo creo.

FELICIANO.—Pero ésa no se sale con su idea; ésa no se casa con José, así que tengamos que andar a golpes.

PILARO.—En eso ya no obrará usté bien. Si es gusto de uno y otro, ¡anda con Dios! Hay más que dejarlos...

FELICIANO.—Si es que..., voy a decírtelo too; si es que ha sío la María Juana la que me ha andao buscando y yo huyéndole... Si es que se come de envidia de la Dominica y quiere ser tan ama de mi casa como ella, y como por ahí no ha podío ser, ahora dice que soy yo el que la ha buscao. Y ya se ve, como siempre he tenío esa nota de gustarme toas las mujeres...

PILARO.—Si es que ha sío usté tan enamoriscao...

FELICIANO.—No he sío yo siempre, Pilaro.

PILARO.—En esto estoy. Es uno en su pobreza, y más de una y más de dos vienen toavía a comprometer... ¡Es que las hay comprometeoras!

FELICIANO.—Y yo tengo visto muy claro lo que quiere la María Juana: lo primero, casarse con José pa asegurarse y verse en su casa tanto como Dominica en la suya..., y cuando esté así, volver a buscarme...

PILARO.—Y que así sería.

FELICIANO.—¡Y eso no; yo no hago esa acción con mi hermano! Si él no lo ve, yo lo veo... Y si habíamos de tener un disgusto, que sea antes... Que después, como él se casara y ella volviera con las mismas y yo consintiera y me callara... Es pa que mi hermano me mate o tener que matarle... Y si no soy consentidor y hablo y voy y le digo: ¿Lo ves ahora? ¿Lo ves y a quién quería? Pues es pa tener él que matarla a ella, y de cualquier suerte, la ruina de un hombre y de una casa.

PILARO.—Y que así sería.

FELICIANO.—Y de esto ni palabra a naide, a la Jorja menos. Pero con alguien tenía que desahogarme cuando toos pegan contra mí.

PILARO.—Bien sabío debe usté de tener que a hombre secreto no me gana naide, que de otras cosas he sío yo sabedor y por mí en jamás se habrá traslucido naa...

FELICIANO.—Ya yo sé, hombre, y por eso me declaro contigo... Pero esa Gubesinda, ¿no tendrá listo el almuerzo? Anda a ver, hombre...

PILARO.—¿No la entiende-usté de hablar a la puerta? ¿Con quién podrá ser?

FELICIANO.—¡Calla! Si son doña Julita con la Dacia y con su cuñá... ¿A qué habrán venío?

PILARO.—A la cuenta que vuelven del Tiemblo, que tengo entendío que estaban a cumplirle una promesa a San Antonio, y de vuelta habrán dao un arrodeo pa acercarse aquí.

FELICIANO.—Y cucharetear lo que se cuece. Estarán enteraas de too...

PILARO.—Así será...

FELICIANO.—¡Si pudiera escapar sin verlas!

PILARO.—No lo piense usté. Hasta aquí se cuelan. Velailas aquí usté.

ESCENA IV

DICHOS, DOÑA JULITA, DOÑA ROSA, la DACIA y GUBESINDA

GUBESINDA.—Pasen ustedes, que aquí está el amo. Mire usté quién está aquí. ¡Doña Julita con la Dacia y con su cuñá... ¿Cómo es su gracia de usté, usté perdone?

Rosa.—Doña Rosa.

Feliciano.—¡Cuánto bueno!

Julita.—¡Qué sorpresa, ¿verdad?, de vernos por aquí!... Tú no conoces a mi cuñada Rosa.

Feliciano.—Ya tenía ese gusto, para servirla.

Rosa.—El gusto es mío; servidora de usté.

Julita.—No me acordaba. Como tú paras poco en el pueblo y ella hace poco que vino con nosotros...

Feliciano.—Siéntense ustedes, tomarán ustedes algo. Anda tú, Gubesinda, a ver qué les traes a estas señoras.

Gubesinda.—Ya les he ofrecío, pero dicen que no quieren tomar naa.

Julita.—No, muchas gracias; se agradece lo mismo. Queremos llegar al pueblo antes del toque de mediodía, que nos esperan en casa y estarán con cuidado.

Gubesinda.—Con su permiso, que tengo a medio aviar el almuerzo. *(Sale.)*

Feliciano.—¿Conque antes de las doce? ¡Está bueno! Yo creí que venían ustedes a pasarse tres o cuatro días con nosotros...

Julita.—¡Jesús! ¡Tres o cuatro días! ¡Con lo que ya faltamos de casa! ¡Bueno se pondría Romualdo!

Feliciano.—Pues hoy viene aquí la Dominica. Debe estar llegando. Yo iba a salir a esperarla al camino...

Julita.—Nos lo han dicho; por eso nos llegamos, por verla, creyendo que ya estaría. Qué, ¿vais a pasaros una temporada en la dehesa?

Feliciano.—Según nos pinte. Yo tenía que dar una vuelta de toos moos; cuestión de las ovejas... Y la Dominica parece que no andaba muy buena

estos días, conque esto puee que la siente. ¿Y ustedes, del Tiemblo? ¿De rezarle al santo?

JULITA.—Tú verás. Que iba para dos años que
le teníamos hecha promesa. ¡Ya estábamos aver-
gonzadas! Pero que un día por una cosa, otro día
por otra, en una casa como la mía nunca puede ha-
cerse lo que una quiere. Luego, Romualdo, que ya
le conoces, en diciéndole de santos y de iglesia, no
transige, y cada vez que le decíamos de ir, nos
dejaba sin carro y sin caballerías.

ROSA.—¡Mi hermano es así, por desgracia! Yo
no sé quién haya podido imbuirle esa hipótesis. No
habrá sido en nuestra familia, donde sólo ha podido ver buenos ejemplos. Un tío nuestro, por
parte de madre, canónigo de la santa sede cate-
dral de Sigüenza, una lumbrera del púlpito. Todo
el mundo decía que hubiera llegado a obispo si la
muerte no le hubiera sorprendido *infragante* en
la flor de su vida... Hoy mismo tenemos una prima, por parte de padre, religiosa en las Adoratri-
ces, de Madrid; no de las Arrepentidas, de las
otras, porque las hay de dos clases...; pero mi
hermano, no sé a quién haya podido salir. Son las
malas lecturas, lecturas perniciosas.

JULITA.—¡No digas, mujer! Si él nunca lee
nada.

ROSA.—¡Pero oye! Así es que yo, créame usted, si no fuera por mi cuñada y por mi sobrina,
y porqué dónde voy yo, sola como estoy en el mundo desde la desgracia de mi marido, que para mí
peor que si se hubiera muerto, porque un hombre
que no tiene vergüenza, para mí es lo último. Y
aquí mi cuñada le dirá a usted que no exagero.
Cualquiera que me vea y se le diga la edad que
tengo... ¿Qué edad me calcula usted?

FELICIANO.—No sé decirle a usté. Buena edá sí parece...

ROSA.—Se quedará usted pasmado cuando le diga a usted que soy mucho más joven que mi cuñada.

JULITA.—*(Bajo.)* ¡No lo creas!

ROSA.—Pero ella no ha sufrido lo que yo... Una mártir... ¿Dónde he dejado yo el pañuelo? *(A la Dacia.)* ¡Déjame el tuyo, haz el favor! *(Llora.)*

JULITA.—*(A Feliciano.)* No le hagas caso. El mártir fué su propio marido, que por fin no pudo más y se fué con la criada. Un mes lleva con nosotros y no podemos más...

FELICIANO.—Y qué, ¿qué le han pedío ustedes a San Antonio?

JULITA.—Yo, por mi parte, salud para todos, nada más que salud. En lo demás, el santo verá lo que nos conviene.

ROSA.—Yo, resignación para sobrellevarlo todo.

FELICIANO.—Y la Dacia, ¿un nuevo novio?

DACIA.—No pienso en eso; ¿pa qué?

ROSA.—¡Qué disparate! ¡Quién piensa en bodas!

FELICIANO.—No le diga usté eso. ¿Conque vamos a ser cuñaos muy pronto?

DACIA.—¡Búrlate de mí! ¡A tiempo hablas!

JULITA.—No, hijo. No está de Dios que emparentemos las dos familias, por lo visto. Primero fuiste tú quien debió casarse con ella; pero te sorbió el seso la Dominica...

FELICIANO.—No fué eso. Es que yo vi que era mi hermano el que la quería.

JULITA.—Tú no debiste ver quién la quería, sino a quién quería ella.

FELICIANO.—Es que ella tamién me pareció que le quería.

DACIA.—No es verdá.

JULITA.—En fin, por lo que fuera... Tu hermano, ahora, ya ves, dos cuartos de lo mismo con la
María Juana... Es que os tira el zagalejo... Es que
vuestro padre no os educó como correspondía a su
posición; siempre se lo dije... No es que yo lo
sienta, porque ni tu hermano ni tú sois para hacer
feliz a ninguna mujer.

FELICIANO.—Usté es muy clara.

JULITA.—Ya lo sabes. Soy castellana vieja. Los
de esta parte sois más dobles... ¡Que mi hija iba
a haberte consentido lo que te consiente la Dominica! Verdad es que ella... ¿Qué va a hacer? Bastante es que te hayas casado con ella. Porque,
francamente, sin ofenderla, no fué boda para ti...,
porque su padre tendrá todo el dinero y las tierras que se quiera..., pero sus principios... ¿No sabemos todos sus principios? Su abuelo, un triste
cabrero de casa de mi tío Juanito, que le vino
el dinero y todo lo que tiene, todos sabemos cómo,
gracias a su mujer y a sus hijas...

ROSA.—¡Yo me pasmo en oír estas cosas! Nunca creí que en lugares tan humildes fuera tanta la
corrupción de costumbres... Cuidado que yo he visto mucho; he vivido seis meses en Madrid y dos
años en Torrijos, pero como aquí... ¡Qué horror!
Hasta el mismo clero, que le quitaría a una la de-
voción si no mirara más arriba.

JULITA.—Pues eso es lo que le pasa a mi Romualdo, que como conoce a todos los curas de alrededor, le han hecho ser tan republicano.

ROSA.—¡Yo, desde que estoy aquí, no oigo contar más que trapisondas y deshonestidades!

JULITA.—De eso nadie nos asustamos...; siempre ha sido igual y en todas partes; por algo di-

cen: "Quien ve un pueblo, ve un reino; y quien
ve un reino, ve el mundo entero". Lo peor que hay
aquí es que no hay unión en los que pueden, y de
eso se aprovechan más de cuatro pillos que nunca
debieron subir a donde han subido. Y toda la culpa
la tuvo tu padre, que siempre fué un abandonado,
y la tenéis sus hijos, y mucha también mi marido... ¿No es una vergüenza ver de juez municipal
al tío Bruno? ¿No sabemos todos quién fué su padre? Un triste gañán en casa de mi tío Doroteo...
¡Y de alcalde al tío Catalino! ¿No sabemos todos
quién fué su padre? Es decir, no lo sabemos, que
todos dicen que fué otro, y ésa ha sido su suerte...
¡Y así todos los de justicia! ¡Y si siquiera man-
daran ellos! Pero no, si quien mandan son sus mujeres, que estamos mandados por mujeres. Pero
yo se lo tengo dicho a Romualdo, que como en la
primera junta de Ayuntamiento no vaya y les
diga todo lo que hay que decirles, me planto yo
y se lo digo muy claro y me oyen como tienen que
oírme todos los días sus mujeres..., que es lo que
no puede aguantarse, que las mujeres sean aquí
las que se metan en todo... y lo gobiernen todo.

FELICIANO.—Toas no son como usté.

JULITA.—Ya puedes decirlo.

ROSA.—Crea usted que si yo tuviera mando, lo
que traería aquí es muchas misiones que predicaran, mejor que mandarlas a la China y a los.ne-
gros antropófagos.

JULITA.—Pues yo, mucha Guardia Civil, que los
metiera en cintura a todos. Ahora mismo por el
camino he tenido un sofoco, éstas lo han visto;
no sé como no me ha dado un insulto...; todo el
ganado del tío Bruno en la linde de la Robleda.
¡Y no habrá quién lo denuncie! ¿Y el chanchullo

que nos quieren meter con los pastos, para co-
mérselos cuatro pillos? ¿Y con los Consumos? ¿Y
con el caño nuevo? Que ha de ponerse a la puerta
del tío alcalde para su conveniencia y para que
salgan luego sus criadas a lavar la ropa y fregar
la espetera. ¡Las muy puercas!

DACIA.—¡Pero, madre! ¿Qué adelanta usté con
sofocarse?

JULITA.—Ya lo sé que no adelanto nada. Pero
déjame, que tú eres como tu padre, que como yo
le digo: Tu suerte ha sido tenerme a mí por mujer; que lo que a mí no me hubiera importado, a
él le hubiera importado menos.

FRANCISCO.—*(Sale.)* Ya está ahí el ama...

FELICIANO.—Con la conversación se ha pasao el
tiempo sin sentir.

GUBESINDA.—*(Dentro.)* ¡Aquí está el ama! ¡Y
toos!...

JULITA.—Y te hemos quitado de ir a esperarla.
Yo se lo diré que ha sido culpa nuestra...

FELICIANO.—Es lo mismo. Más era por echar un
paseo.

JULITA.—Anda, anda y ve... Nosotras somos de
confianza.

FELICIANO.—Con su permiso... Ahora vendrá
ella a saludarles a ustedes... Si no quieren ustedes
venir...

JULITA.—Anda tú solo, que siempre tendréis que
deciros algo, con todo lo que ha pasado, que todo
se sabe... Pero ¿cuándo querrás tener formalidad,
hombre?

FELICIANO.—No me diga usté, que ahora no hay
razón pa ello.

JULITA.—¡Si no te conociéramos! Anda, anda...
(Sale Feliciano.)

ESCENA V

DICHOS, *menos* FELICIANO

JULITA.—Ya sabía yo que no podía ser lo que decían: que la Dominica se iba al Sotillo con su padre... Por otras cosas ha pasao para no pasar por ésta...

ROSA.—Di que se trata de una mujer ordinaria... Una señora de clase no lo consentiría... Pero ¿qué idea va a pedirse a esta gente de lo que es dignidad? A saber si ella hará lo mismo...

DACIA.—Eso no tía; la Dominica es honrada, ande haya mujeres honradas, y si pasa por too es porque quiere a su marío.

ROSA.—¡No me digas! Si le quisiera no pasaría por nada. Cuando se quiere de verdad, todo ofende. Y lo que yo sé de este hombre es para que su mujer no le mirara a la cara... ¡Y pensar que tú podías haberte casado con él! ¿No sabías lo que era?

JULITA.—De mozos todos son lo mismo.

ROSA.—Pero éste ha seguido igual de casado.

JULITA.—Es joven todavía, y como es buen mozo y es el más rico de por aquí..., ya se sabe... Ya parará cuando llegue a viejo.

ROSA.—Y entre tanto, ¿te parece bien que no haya guardesa, ni hortelana, ni molinera, ni criada de sus tierras que no haya tenido que ver con él?... ¿Y ese enjambre de criaturas sin padre?...

JULITA.—Eso no...; todas se casan, y como si nada hubiera pasado

ROSA.—Engañando a pobres infelices...

JULITA.—¡No seas tonta! Nadie va engañado...

ROSA.—¡No me lo digas! Entonces, ¡peor que entre los moros! Entonces, ¿aquí no hay religión, ni moralidad, ni vergüenza?

JULITA.—¡No le des vueltas! Hay hombres y mujeres...

ROSA.—¡Que viven como los animales!

JULITA.—Tampoco hay quien les enseñe a vivir de otro modo. ¿Ven ellos algo mejor que los animales?

ROSA.—¡Lo que yo digo! Misiones, misiones que les predicaran...

JULITA.—No te canses. Aquí no vienen. ¿No ves que no hay dinero? ¡Si hubiera siquiera alguna mina cerca! Pero esta tierra seca y pobre no es tierra de conventos ricos... ¡Pobres curas de aldea nada más! ¡Tan pobres como la tierra y como nosotros!

ROSA.—Eso es, habla tú también como mi hermano.

JULITA.—Es que mi Romualdo, cuando habla de las cosas de aquí abajo, no le falta razón... Ahora, cuando habla de las de arriba, ya no estamos conformes..., que yo soy tan cristiana como la primera. *(Se oye lejano el toque de mediodía.)*

DACIA.—Las doce, madre... ¡Qué bien se oye desde aquí la campana del pueblo!

JULITA.—Vendrá de allí el aire... Hija, el Ave María; que esté donde esté, no falto yo a mis rezos de mañana y tarde. *(Rezan en voz baja. Dominica aparece a la puerta y, al verlas rezando, se para y reza también.)* Y un Padrenuestro por nuestros difuntos.

ESCENA VI

DICHAS y DOMINICA

JULITA.—*(Viendo a Dominica.)* ¡Dominica!
¡Hija! ¿Cómo estás? *(Abrazándola.)*

DOMINICA.—Las vi que estaban ustedes rezando
y he rezao con ustedes...

ROSA.—¿Cómo está usted?

DOMINICA.—Así ando; pero no es de cuidao...
Ven acá, Dacia... ¡Jesús, de cada día más guapetona! *(Besándola.)*

DACIA.—Te he llenao de polvos... Con estos aires
se corta la cara y hay que ponerse algo.

JULITA.—No hay más remedio.

DOMINICA.—¿Cómo lo pasa usté, doña Rosa?

ROSA.—Ya ve usted. Con mis disgustos y mis
adversidades!

DOMINICA.—¡A nadie nos faltan! ¿Conque del
Tiemblo, de ver al bendito San Antonio? También
yo quisiera ir, que tengo que pedirle mucho; no
sé si me dará too lo que tengo que pedirle.

JULITA.—Lo primero, una docena de chicos, que
buena falta os están haciendo...; vosotros que podéis... En cambio, a otros pobres..

DOMINICA.—Le pediré uno naa más. Pero antes
tengo que pedirle marío.

JULITA.—Qué, ¿no le tienes ya?

DOMINICA.—Sí; pero este marío es de los que
se pierden, y como San Antonio sabe encontrar
todo lo perdío...

JULITA.—Anda, mujer. *(A la Dacia.)* Dale a la
Dominica una medalla de esas que traemos bendi-
tas y una cinta tocada también en el santo.

DACIA.—Toma esta de plata. ¿De qué color quieres la cinta? ¿Azul?

JULITA.—No, que son celos.

DOMINICA.—Por eso no. De ese mal ya me hubiera muerto... Pero como soy negrucha, dámela de otro color que me vaya a la cara.

DACIA.—Toma ésta grana...

DOMINICA.—Muchas gracias... Pónmela al cuello, que quiero estar santa. ¡Dios te lo pague! ¿Y cómo les ha ido en la romería?

JULITA.—Allí muy bien. Muy atendidas y muy obsequiadas.

DOMINICA.—Es verdad, que allí tenían ustedes familia.

JULITA.—¡Ay, no! Con la familia, nada; ni nos tratamos. ¡Valiente gentuza ésta! Los amigos... Y tú, ¿qué nos dices de tus cosas? Ya se sabía allí todo... Por supuesto, abultado. Daban por hecho que de ésta tú te ibas con tu padre.

DOMINICA.—¡Eso quisieran! Mire usté, no es que yo quisiera santificar a Feliciano; pero ahora la que ha dao too el ruido ha sío la María Juana. Si él la perseguía, con que me lo hubiera dicho a mí, bastaba; yo hubiera visto lo que cumplía hacer... Pero no, se ha ido publicándolo por too el pueblo... pa que toos sepan que ella es muy santa... Y es lo que yo digo: ninguna mujer que quiere ser buena necesita de publicarlo... A toas nos habrán buscao con una mira o con otra, de mozas y de casadas, que a too hay quien se atreve, y no hemos ido pregonándolo; que la honra de la mujer, cuando más callá está, mejor.

JULITA.—Y por fin, ¿se casa con tu cuñado?

DOMINICA.—Así parece... Ahora se la lleva mi padre... Conmigo han venido hasta aquí, y ahí están, pero ni siquiera quieren comer aquí; siguen pa el Sotillo. *(A la Dacia.)* ¿Tú qué dices de too esto?

DACIA.—Nada... No creas que me importa. Si yo nunca he querío a José.

ROSA.—Ni debe pensar en casarse..., ¡con lo que se ve en los matrimonios!

JULITA.—Si está de Dios, ya se casará. Como yo digo: no hay olla tan fea que no encuentre su cobertera. Ahora, que aquí no hay mucho donde escoger...

DOMINICA.—La Dacia me parece a mí que ya no tiene ilusión por ninguno. Tú no has querío más que a uno... A Feliciano, ¿verdad?

DACIA.—¡Qué cosas tienes!

DOMINICA.—Yo no puedo hacer más que dejarlo viudo.

DACIA.—¡No me digas eso!... Otras se alegrarían, que no yo...

DOMINICA.—Ya lo sé, que tú me quieres y que no eres como otras tontas, que porque él no las ha querío van diciendo y que son ellas las que le han despreciao...

DACIA.—Yo sí que le quería. ¿Pa qué voy a decir otra cosa?

DOMINICA.—Como le han querío andequiera que se ha acercao... ¡Como que no hay otro como él! ¡Y mira que me tie hecho pasar!

JULITA.—¡No digas! Si yo no sé de qué pasta eres... Si a ti parece que te agrada que se rifen a tu marido.

DOMINICA.—Pues le diré a usté. Me tengo desesperá miles de veces, cuando creía y que él podía querer a cualquiera otra...; pero ya me he convencío y que no es así, que son ellas las que le

quieren a él, **y** en medio de too pa mí es una satisfacción. Todas por él y él por mí! ¿No es pa estar
orgullosa?

JULITA.—Teniendo ese modo de ver...

ROSA.—Sí que no le entiendo. Yo, que sólo ante
la hipótesis de que mi marido no me guardaba
todas las consideraciones debidas a una esposa
he llegado al trance más doloroso para mí, al es-
cándalo de una separación judicial...

DOMINICA.—No le querría usté mucho cuando
se acostumbra usté a estar sin él.

ROSA.—Le quería como debe querer una esposa: anteponiendo sobre por encima de todo su dignidad de esposa.

DOMINICA.—En su clase de usté así será... Tienen ustedes otros miramientos... A mí también
me están siempre con que no debía consentirlo, mi
padre y toos... Y algunas veces se lo he dicho a él:
que no consentía más, que me iba con mi padre,
que me desapartaba de él, y se acabó too. Pero él
echaba a reír, ¿y saben ustedes lo que me decía?
"¡Anda con Dios! Si te vas con tu padre, yo me
voy con otra." ¡Y lo hubiera hecho como lo decía!
¡Ya ven ustedes quién iba a salir perdiendo! Y
que no, señora, cuando me casé fué pa vivir juntos toa la vida y llevarle el genio con paciencia...
Algo había de tener... Peor fuera que hubiera salío
un borracho, o de esos hombres que por cualquier
motivo ponen la mano encima a sus mujeres..., o
que hubiera enfermao de algún mal que no pudiera valerse... Muchas cosas que hubiera tenido
que conllevar como conllevo ésta, que mala es, pero
es como too, hasta acostumbrarse...

JULITA.—Y, por lo que se ve, tú ya estás acos-
tumbrada...

ESCENA VII

DICHAS y FELICIANO

FELICIANO.—¡Dominica!

DOMINICA.—¿Qué quieres?

FELICIANO.—Tu padre y la María Juana, que quieren irse; no consiente comer con nosotros.

DOMINICA.—Déjalos estar; que se vayan cuando quieran. Voy a despedirlos, porque la María Juana, estando ustedes aquí, tendrá reparo de entrar... Es muy vergonzosa.

JULITA.—Nosotras sí que nos iremos.

DOMINICA.—Pero qué, ¿se van ustedes por eso?

JULITA.—No, mujer. Es que ya nos hemos entretenido bastante. ¡A las doce que nos esperaban en casa! ¡Buenas nos pondrá Romualdo! ¡Pegará con el santo!

ROSA.—¡Habremos de oírle mil abominaciones!

DOMINICA.—Entonces no les digo nada.

JULITA.—Queda con Dios...

DOMINICA.—Que ustedes sigan bien... Doña Rosa...

ROSA.—Que siga usted tan buena y tan conforme...

FELICIANO.—Vayan ustedes con Dios... Voy a acompañarlas hasta el carro...

JULITA.—No te molestes...

DOMINICA.—Voy yo tamién. *(Salen todos.)*

ESCENA VIII

MARÍA JUANA, *el* TÍO ANICETO *y* JOSÉ

ANICETO.—Ya han salío. Aquí no te ven... Aquí esperamos pa despedirnos. Pero ¿vas a llevarte llorando toa la vida?

JOSÉ.—No sé por qué. Yo lo tengo too hablao con el tío Aniceto. Pa San Roque nos casamos. El tío Aniceto ya me ha dicho lo que él piensa hacer por parte suya.

ANICETO.—Ya lo sabe ella, y no sé a qué vienen tantos lloros.

MARÍA JUANA.—Si es que yo de too esto no siento otra cosa más que de ver a la Dominica tan parcial conmigo, que parece mismamente que al igual de agradecer y que yo no haiga hecho cara a su marido, le ha dao como rabia.

JOSÉ.—No te diré que así no sea, que la Dominica es de una conformidad que parece que se alegra con que toas le hagan cara al marido.

ANICETO.—Yo no he visto otra. Y que no sirve predicarla. Le estará muy bien cuando le llegue el día en que se haigan quedao sin naa, que ha de llegarles al paso que llevan... ¡Las tierras abandonás y en manos de unos y de otros! ¡El ganao lo mismo! Y ninguno a pagar y toos a pedir, y como toos se creen con derecho, unos que la mujer, otros que la moza..., así anda too, que esta casa paece la venta de mal abrigo... Pues yo les aseguro que lo que hace a lo mío no han de coger mucho, que yo veré de ponerlo too en orden y será pa quien deba de ser y me cuide y me asista..., que lo que hace la Dominica, ni me tie ley ni me la ha tenío nunca, que pa ella no hay naa que no sea ese hombre que la tie encantá, como yo la digo... ¡Ese gallo alborotaor!, que no es otra cosa más que un gallo alborotaor, como yo le digo..., que es la vergüenza del mundo, que no vas por parte que no haiga dejao rastro suyo... Y ni tan siquiera respeta lo que más tenía que haber respetao siempre... *(A José.)* Y tú no seas tonto, y lo que tenéis de vuestra madre sin partir entavía, hacéis las suertes y ca uno lo suyo...

JOSÉ.—En eso estoy.

MARÍA JUANA.—¡A ver si vais a tener un disgusto!

ANICETO.—Él no pide más que lo suyo.

ESCENA IX

DICHOS, DOMINICA y FELICIANO

DOMINICA.—Qué, ¿ya quieren ustedes irse?

ANICETO.—Sí, que quiero que lleguemos a buena hora, que ya van acortando los días, y el camino tie ranchos muy malos.

DOMINICA.—Como usté quiera.

FELICIANO.—Que vaya Pilaro con ustedes.

ANICETO.—No es menester naide.

DOMINICA.—*(A María Juana.)* Bueno, mujer, no estés así.

MARÍA JUANA.—*(Llorando.)* ¡Cómo quies que esté! ¡Cómo quies que esté! ¡Bien quisiera estar como tú!

DOMINICA.—¡Creerás tú que no siento! Más que naide cree. Pero yo no siento sólo por esto, siento por muchas cosas que veo de venir. ¡Anda con Dios, anda con Dios! Y cuidarme a padre; no te digo más. *(Se abrazan llorando.)*

ANICETO.—¡Vamos! ¡Dejarlo ya! Que se hace tarde... Quedar con Dios todos.

JOSÉ.—Hasta muy pronto.

MARÍA JUANA.—Hasta cuando quieras. *(Salen María, Dominica y Tío Aniceto.)*

FELICIANO.—¿No vas tú con ellos?

JOSÉ.—No, me vuelvo al pueblo de seguida. Escucha... No quiero decirte naa, pero...

FELICIANO.—Ya sé lo que quieres, que se parta lo que tenemos junto. La herrén de la encrucijá, la del arroyo y el pradillo de la Umbría. ¿No es eso? Too se hará, descuida.

JOSÉ.—Pues cuanto antes.

FELICIANO.—Mañana mismo. Por la mañana bien temprano me ties en el pueblo. ¿Te conviene así?

JOSÉ.—Bien está.

FELICIANO.—Pues hasta mañana.

JOSÉ.—Si Dios quiere. *(Sale.)*

ESCENA X

FELICIANO y DOMINICA

DOMINICA.—¿Qué dice José?

FELICIANO.—Nada de particular... *(Pausa.)* Te habrás convencío de que too esto ha sío cosa urdida de la María Juana... Pero tu padre se ha puesto de su lao, que ahora le ha entrao el amor por ella; pa que veas si es verdad lo que toos hemos dicho siempre.

DOMINICA.—Ya lo he visto. Es que yo era tan tonta, que porque era mi padre creía que no había sío como toos... ¡Toos los hombres sois lo mismo! ¡Tocante las mujeres, no miráis más que vuestro capricho! Y después sucede lo que sucede; hijos esperdigaos, hermanos sin saber unos de otros, que lo mismo puen llegar a quererse como no deben, que aborrecerse y matarse... ¡Too contra la ley de Dios! ¡Too por no tener conciencia los hombres! ¡Más vale que Dios no me haiga dao hijos!

FELICIANO.—Eso no lo sientes. Pues ¿pa qué estás siempre pagando misas y llevando cera a la iglesia?

DOMINICA.—Pues mira, si alguna vez los he deseao, no ha sío por mí, sino por ti; por ver si los de casa te sujetaban algo...

FELICIANO.—¿Los de casa? ¡Como si hubiese otros!

DOMINICA.—¡Calla, calla! Y ya que ha sío no los reniegues.

FELICIANO.—Que se te ha puesto en la cabeza...

DOMINICA.—Mira que empiezo a contar y no acabo.

FELICIANO.—¡Quita, quita! ¡No tengas ganas de músicas!

DOMINICA.—Sí, sí; hazte el sordo de conveniencia.

FELICIANO.—Mira, ahí viene la Jorja con sus chicos; vendrán a ver si les has traío algo...

DOMINICA.—A tiempo pa disimular. Como decía la otra: "¿Ande vas, hija, con esas coles? —Calle, madre, que tinto lo traigo."

FELICIANO.—¡Mia que eres!

DOMINICA.—Yo, ¿verdá? ¡Si me valiera!

FELICIANO.—¿Qué ibas a hacerme?...

DOMINICA.—¡Anda, anda, que no quiero ni verte! *(Sale Feliciano.)*

ESCENA XI

La JORJA *con dos chicas y tres chicos;* DOMINICA
y, depués, GUBESINDA

GUBESINDA.—¡Vamos! ¡Andar y no os dé vergüenza; cualquiera diría que la teníais!

JORJA.—*(Dentro.)* ¡Estos muchachos siempre han de sofocarla a una! ¡Calla tú, acidentá, que paeces acidentá!

DOMINICA.—¿No quieren verme?

GUBESINDA.—¡Calla, mujer!

DOMINICA.—Mira, que os he traído almendras... *(Entran.)* Anda, Gubesinda; en las alforjas verás un cucurucho de ellas.

JORJA.—¿Cómo ha venío usté?

DOMINICA.—Muy bien. Y vosotros, ¿cómo andáis por aquí?

JORJA.—Ya lo ve usté. Sí que está usté muy buena, pues nos habían dicho que no andaba usté bien de salú, pues pa mí que vale usté más que la última vez que la vide... Vamos, vosotros; ni decís na; di tú *(Al mayorcito.):* Venga usté con Dios, señora ama, pa servirla... Luego bien lo charláis too cuando no hace falta.

DOMINICA.—¿Están buenos todos?

JORJA.—¡Gracias a Dios! Éstos no son míos.

DOMINICA.—Ya lo sé... Éstos son de la Cicela.

JORJA.—Y esta pequeña, de la Engracia; pero a toos se les ha puesto de venir...

GUBESINDA.—*(Entra.)* Las almendras... y un cacho de pan pa ca uno..., tomar ¿Cómo se dice? ¿Habéis dao un beso a la señora ama?

DOMINICA.—No, a mí que no se acerquen con esas caras y con esas manos...

GUBESINDA.—¡Esta Jorja! ¡Mia que sois! ¿Por qué traéis así a estas criaturas, vamos a ver?

JORJA.—¡Cualquiera pue con ellos! Toa la santa mañana ando tras ellos pa lavarlos y peinarlos... ¡Como no los matara!

DOMINICA.—¡Quita, quita! ¡Si es que sois de lo que no hay! ¡No sé por qué Dios os da hijos! Como no os dejéis lavar bien lavaos, no hay almendras... Tú, Gubesinda, lava a éstos de la Cicela. Mira éste... No hay más que mirarlo... ¡Qué cara de tunela! Como este otro..., tú dirás de quién es esta cara...

GUBESINDA.—No mires, que no hay más..., digo...

DOMINICA.—Aquel regojo... Entre ciento los conoceré yo... Anda, anda..., arreglarlos.

GUBESINDA.—Éstos, de cabeza van al pozo ahora mismo.

DOMINICA.—No los asustes...

JORJA.—¡Déjate, yo los lavaré a toos!

DOMINICA.—Dejarme a ésta, que ésta sí está lavada; así me gusta... La Engracia siempre ha sío más curiosa... Dame un peine, Gubesinda, y unas cintas azules que estarán ahí en ese cajón, que voy a ponerla unos moños...; verás qué preciosa... Y vosotros no me parezcáis por aquí hasta que os vea yo muy bien lavaos... No tenéis la culpa vosotros... ¡Pero cuánto abandonadas seréis!

JORJA.—¡Eso dirá usté! Estos chicos siempre han de sofocarla a una. Venir acá, condenaos, que me tenéis aborrecida; ya estáis andando, que os restriegue con un estropajo... *(Sale Jorja con los chicos. Suena un tiro.)*

DOMINICA.—¡Ay! Vamos, ¡pues no me he asustao!...

GUBESINDA.—Es el amo, que anda tirando a las palomas.

DOMINICA.—Como no tiene con quién pegar, pega con las palomas... *(Asomándose a una ventana.)* ¡Feliciano! ¡Feliciano!

FELICIANO.—*(Dentro.)* ¿Qué quieres?

DOMINICA.—Que no tires a las palomas, hombre; ¿no ves que puen tener pichones criando y se desgracian?...

FELICIANO.—Se les ponen a otras y los crían.

DOMINICA.—Es que muchas conocen luego que no son suyos y los matan.

FELICIANO.—Bueno, déjalo; yo me divierto.

DOMINICA.—Pues diviértete, hombre, diviértete... *(Se sienta a peinar a la pequeña.)*

GUBESINDA.—Es que este Feliciano se cree que todas las palomas son como las que él tiene, que en siendo criaos en el palomar, toos los pichones le parecen suyos.

DOMINICA.—¿Soy yo ésa? Pues es verdá... ¿Qué mal han hecho ellos? Ven acá tú... Vas a estarte muy quietecita, que voy a ponerte muy guapa... No digas que no es guapa... ¡Mira qué ojos! ¡Huy! ¡Qué ojos tan preciosos! ¿De quién son estos ojos? ¿De quién han de ser? ¡Como que no hay otros así en el mundo! *(Besando con efusión a la niña.)*

GUBESINDA.—¡Anda, anda! ¡Así está él de ufano!... ¡Hay que ver, señor; hay que ver!...

TELÓN

ACTO SEGUNDO

Comedor en una casa de pueblo

ESCENA I

GUBESINDA y el TÍO ANICETO

GUBESINDA.—Entre usté por aquí, que hay un buen brasero. El ama bajará de seguida. Anda en el sobrao. Hoy hemos estao de cochura. ¿Cuándo ha llegao usté?

ANICETO.—Anoche.

GUBESINDA.—¿Y para usté en casa de José y la María Juana?

ANICETO.—¡A ver!

GUBESINDA.—¡Tamién usté tié cosas! Teniendo la casa de su hija... ¿Qué dirán en el pueblo?

ANICETO.—Ya saben toos que no es por mi hija.

GUBESINDA.—Ni por el yerno tampoco debía de ser. ¿No vienen por aquí José y la María Juana los más de los días? ¿No van éstos por su casa de ellos cuando les conviene? ¡Como debe ser, señor! Entre hermanos... Y entre hermanas, tío Aniceto, no se haga usté el santo, que usté menos que nadie es el llamao a tirarle la piedra a Feliciano.

ANICETO.—Ni yo es que quiera hacerme más que ningún otro hombre... Pero yo nunca he sío escandaloso, y lo que he sío fué cuando era mozo y a

naide prejudicaba, que después toos saben cuál ha
sío mi conducta.

GUBESINDA.—Too lo cual no quita pa que ahora y
haga usté cosas, qué quie usté que le diga, que no
están ni medio regular.

ANICETO.—Pues luego, ¿qué malo hago yo?

GUBESINDA.—Pues ¿no lo estamos viendo toos,
que anda usté desbaratando su hacienda pa darles a los unos lo que les quita usté a los otros? Y
eso no está bien. La María Juana será too lo hija
que usté quiera, y naide vamos a tacharle a usté
que haiga usté mirao siempre por ella y no haiga
usté hecho lo que otros muchos en su caso... Pero
no quita que la Dominica deba ser siempre pa usté
la primera, porque al fin es hija de su mujer de
usté, que tendría toas las faltas que usté quiera,
con aquellos repentes que la daban, pero a mujer
de bien y de su casa no la ha ganao naide... Y otra
cosa hubiera sío si no le hubiera faltao tan pronto
a la Dominica... ¿Qué iba ella a haberle consentío
a Feliciano lo que esta boba le ha consentío? Pero
sea de ello lo que quiera, lo que anda usté haciendo
no está bien, tío Aniceto, y toos tienen que tachár-
selo a usté; créase usté de mí...

ANICETO.—Pues yo le digo a too el que quiera
oírme que yo no trato de prejudicar a naide; lo
que hago es ponerlo too en orden pa el día de mañana..., y el que andará corriendo esas voces será
Feliciano, que estará deseandito que yo me vaya
al otro mundo.

GUBESINDA.—Ahí tie usté, ahí ya va usté muy
descaminao, que Feliciano será too lo que usté quiera, pero interesao toos sabemos que no lo es ni lo
ha sío nunca, que si en algo peca es en no mirar
más por lo suyo.

ANICETO.—Cuando se trata de salirse con su capricho, entonces tira y esbarata; pero no es así pa los suyos. ¿Cuándo ha llevao él a la Dominica como lleva José a la María Juana, que da gloria de verla hecha una señora? ¡Y su casa, cómo la tiene alhajá, que no hay otra igual en too lo de por aquí!...

GUBESINDA.—Y si usté sabe y que a la Dominica nunca le ha dao por componerse ni por el señorío... Pero no es que su marío le niegue na...; muy al contrario, que no va y viene una vez de Madrid, o de Toledo, o de Talavera que no le traiga algo, y ella es la primera en decirle y pa qué la trae na... Llenos están los cofres de cosas que ni siquiera se ha puesto.

ANICETO.—¡En cambio, otras van muy compuestas a su costa!

GUBESINDA.—Y si la Dominica es así, ¿qué va usté a hacerle? ¿Querrá usté creer que, al igual de otras que se las llevarían los demonios, ella hasta paece que se alegra si alguien viene y le dice que Feliciano lleva a sus majas como unas reinas... y que si lucen y que si triunfan?... ¿Y querrá usté creer que si de alguna sabe que le ha dejao por otro es como si la hubieran ofendío a ella? ¿Usté lo entiende? Pues no hay más, que así es, y yo cuando más lo veo más me devano entre mí por entenderlo y menos lo entiendo...

ANICETO.—Mucho es que hoy no ha ido ella tamién a la boda de Francisco con la chica de Pola...

GUBESINDA.—Pues mire usté, porque naide le ha dicho de ir por reparo, que lo que hace ella...

ANICETO.—¡Tamién tie que ver ese apaño de boda! Tanto dicen que ha verraqueado el chiquillo en mitá de la iglesia, que la novia no ha tenío más remedio que cogerle en brazos pa que callara...

GUBESINDA.—¿Qué quie usté? Como se ha ido retrasando porque el novio ha estao con calenturas, pues se ha echao el tiempo encima y ha tenío que ser la boda con too ese lucimiento.

ANICETO.—Feliciano sí que habrá ido.

GUBESINDA.—¡Quería usté que faltara el padrino!... Tamién se fué p'allá mi marido, sin yo saberlo, que ése sí que va a tener que oírme; que el amo al fin es el amo y pue hacer lo que le parezca; pero los que comemos el pan de esta casa, tanto tenemos que mirar por el ama y no ser parte en na que puea ofenderla.

ANICETO.—Tu marido, en habiendo fiesta, pues ya se sabe...

GUBESINDA.—Demasiado y que lo sé, que no hay boda sin doña Toda, como le digo, pa ser la risión de toos andequiera que se presenta...

ESCENA II

DICHOS y DOMINICA

DOMINICA.—Muy buenos días tenga usté, padre.

ANICETO.—Buenos los dé Dios.

DOMINICA.—¿Cómo lo pasa usté?

ANICETO.—Así, regular...

DOMINICA.—Ya sabía que había usté llegao anoche; pero tenga usté por seguro que como usté no hubiera venío por aquí, no era yo la que iba a verle a usté.

GUBESINDA.—¿Lo oye usté? Ya se lo he dicho; nunca ha debío de ir a parar allí, estando esta casa.

DOMINICA.—¡Como allí tien más comodidades y más lujo!

ANICETO.—¡Será por lo que yo estoy acostumbrao! ¡Qué cosas dices!

DOMINICA.—Tampoco otros lo estaban y ahora too les parece poco...

GUBESINDA.—¿Quies algo?

DOMINICA.—Tráeme el cesto de la labor, que me lo he dejao ahí fuera, encima del arcón.

GUBESINDA.—No, que te lo he traío yo...; aquí lo ties... Hasta luego. *(Sale.)*

ANICETO.—¿Qué andas haciendo?

DOMINICA.—¡Ya lo ve usté!

ANICETO.—Eso es pa algún chico...

DOMINICA.—Nunca faltan pobres... Ahora que viene el invierno... ¿Y qué le parece a usté de la María Juana?

ANICETO.—¿Qué ha de parecerme? Que así hubiea yo querío verte, que más motivos tenías que no ella. Ya ves cómo tie su casa y cómo se ha afinao a su marío y cómo se aplica a aprender de too en los libros... Siempre ha sío muy dada a la leyenda, no como tú, que de milagro aprendiste las letras... Pues bien quise yo educarte de lo mejor, que bien pequeña te pusimos en un colegio de los buenos que hay en Talavera. ¿Y qué saquemos? Que a los ocho días habías pegao a toas las muchachas y habías dicho a la señora toas las palabras feas que te había enseñao tu abuelo, Dios tenga en gloria, que se divertía con eso...

DOMINICA.—¡Así me han querío, mejor que a otras que se comen de envidia!...

ANICETO.—¡Es pa tenerla!

DOMINICA.—Que andan toas detrás de mi marío como unas lobas...

ANICETO.—Pero ¿quién anda? ¿Quies decirme? ¡Cuatro desgraciás, pobretonas, que por no morir-

se de hambre prefieren perder la vergüenza!... ¡Sí
que es pa estar orgulloso!

DOMINICA.—¡No diga usté, padre, no diga usté,
que usté siempre quiere rebajar a Feliciano y
echarle por tierra, siendo así que a usté le costa
las mujeres muy principales que me le han traío
siempre al retortero!... ¡Ahí está la Dacia, la de
don Romualdo, la más rica y la más señorita de
por aquí!... ¡A ver! Porque Feliciano no la quiso,
y ésta es la hora que no ha consentío en casarse
con ningún otro y toavía está loca por él, que bien
lo veo, que se le come con los ojos... ¿Y con la de
don Rosendo? ¿Qué pasó? Usté lo sabe. ¡Que tuvo
que llevársela su marío del pueblo! ¡Y bien señora
era y bien guapetona! Pero, ¿no pasó más? No;
fuimos un día al coto del Duque y estaba allí por
casualidad, que había venío de Madrid, el administrador con su señora... ¡Pero qué señora! ¡Hubiera
usté visto! ¡De las más señoras de Madrid! Ya ve
usté, pa ser la señora del administrador de todo
un duque... Pero ¿no querrá usté creer de que así
que vió a Feliciano, ella no miró na, ni que estaba
con su marío, ni que estaba yo?... Y yo no he visto
señora tan guapa ni tan bien puesta, con unos pen-
dientes y una de anillos... Y estoy segura que cuando Feliciano haiga ido a Madrid ella le habrá buscao... Y quisiera que la hubiea usté visto, pa que
diga usté toas son pobretonas y desgraciadas...
Diga usté que si toavía tengo marío es porque a los
hombres no hay que llevárselos de sus casas pa tenerlos las mujeres...

ANICETO.—Esa es la lástima, que alguna no se
lo ha llevao pa *in eternum*...

DOMINICA.—Será pa usté, que pa mí no... Que
hasta cuando pienso que tie que llegar el día que

Dios se nos lleve al uno y al otro, no hago más que pedirle que sea yo la primera. Conque ya ve usté; ni la muerte, que es de Dios, me conformo con que me lo lleve, cuanto más ninguna que haiga nació de madre...

ANICETO.—¿Pa qué vamos a disgustarnos? Dejemos ese punto, que yo he venío a tratar otro negocio.

DOMINICA.—¿Conmigo na más?

ANICETO.—Y con Feliciano, con los dos... Él ya sé que anda de boda.

DOMINICA.—Sí. Luego vendrán por aquí a que se les dé un trago...

ANICETO.—De modo que hoy no será día pa tratar de na...

DOMINICA.—Tampoco tendrá usté tanta prisa. ¿No estará usté unos días en el pueblo?

ANICETO.—No quisiera estar más de mañana a tarde...

DOMINICA.—Pues usté dirá, padre...

ANICETO.—Pues el asunto es que José quiere que yo sus diga...

DOMINICA.—¿Es asunto de ellos? ¿Y no tienen ellos boca pa hablarlo? ¿Lo ve usté? Con esas cosas sí que no pueo. ¿No nos estamos viendo toos los días? ¿Qué es lo que quieren? Ya lo sabemos. Que Feliciano les venda su parte en la Umbría. ¿No es eso?

ANICETO.—Eso mesmo. Como la otra mitá es de José, y Feliciano no se cuia de su parte ni pa él significa na...

DOMINICA.—Siempre me tie dicho que no la vende por ningún dinero, y pa ellos, menos...

ANICETO.—¿Y quies decirme qué es eso, sino una malísima intención? ¿Pa qué quie él su parte de

la Umbría, más que pa que coman cuatro galopos
holgazanes?... El de la Cicela, este Francisco que
se ha casao hoy con la chica de la Pola, no más
que por eso; los del Molino... ¡Un buen hato de
tunos!

DOMINICA.—A mí no me cuente usté na. Es vo-
luntá de Feliciano, y pa mí es bastante...

ANICETO.—Es que si tú fueas como debías de
ser, no debías consentirlo. Es decir, ¿que no hace
por su hermano lo que hace por toos? Di que la
María Juana le hubiera hecho cara... Pero como se
ha hartao de despreciarle.

DOMINICA.—¿Despreciarle? No lo hemos visto...
Antes porque la convenía, porque entre casarse
bien y amigarse mal, ninguna hay tan tonta que
dude... Diga usté que José no la hubiea querido,
hubiéamos visto..., lo que hemos de ver toavía...

ANICETO.—¿Vas a tener el valor de decir que a
la María Juana le importa de Feliciano? ¡Eso quisiera él!

DOMINICA.—¡Eso quisiera ella, que a él le im-
portara!...

ANICETO.—Si se burla de él a toas horas. De lo
que presume, que se cree que ande esté él ya no
hay otro...

DOMINICA.—Y ella, ¿qué se ha creío? Porque
ande siempre con blusa de seda y el boas colgao
del pescuezo y las botitas de rusel pa pisar los chi-
narros del pueblo, ¡qué pega aquí too eso! ¿Y pa
qué es tanto componerse? ¿Na más que pa su
marío?

ANICETO.—¿Creerás que es pa el tuyo? ¡Qué
bien le agradeces, que si no fuea por lo que ella te
quiere, ni vendría a tu casa ni hubiea vuelto a
cruzar la palabra con Feliciano!...

DOMINICA.—¡Eso dirá ella!... Diga usté que Feliciano mira hoy que es la mujer de su hermano y...

ANICETO.—¡Calla, calla! Que no paece sino que quisieras que no lo mirara... Pues ten cuenta que si Feliciano se propasara en tanto así y José llegara a enterarse, no quieas saber lo que sucedería, que le he oío respirar en ese sentido... Conque ya pue mirarse...

DOMINICA.—Ella es la que tie que mirarse y no presumir tanto de que ha despreciao a nadie... No vaya a cansarse Feliciano de tanto desprecio y se olvide de too...

ANICETO.—Si la que se olvida de too eres tú...; que suponiendo que ella le hubiera querío a Feliciano, que le quisiá ahora mismo, más que agradecerle que haiga ella mirao lo que tú no miras..., que es tu marío y que eres su hermana..., que nunca creí tener yo que decírtelo.

DOMINICA.—Eso sí; que me diga eso, que me diga que le quería, que le quiere, como es la verdad..., pero que no venga a presumir porque él la respete de que es ella la que le ha despreciao... Ahí está la Dacia, que sabe que a mí no me ofende que quieran a mi marío.

ANICETO.—Ya se ve que no.

DOMINICA.—Y pa ser honrada no se necesita ir diciendo que es ella la que no le ha querío, sino too lo contrario... Y ahí tie usté a la Dacia; la quiero yo como a una hermana, bien lo sabe ella. Pero la María Juana quiere ser más que toas... Y eso... A mí con orgullos..., no... ¡Ya lo sabe!... Que yo también tengo mi orgullo.

ANICETO.—Bien se ve, bien se ve que ties tu orgullo, pero mira y ande demonios has ío a ponerlo.

ESCENA III

DICHOS, GUBESINDA *y, después*, FELICIANO, FRANCISCO, PILARO *y el* TÍO BEBA

GUBESINDA.—Acá vienen toos los de la boda con el amo.

DOMINICA.—Que no pasen del portal, que lo ensuciarán todo. Y darles vino y hojuelas.

GUBESINDA.—La que me paece que no viene es la novia. ¡Le habrá dao reparo! Alguna vez habían de tener vergüenza.

DOMINICA.—No digas na, mujer...

FELICIANO.—*(Dentro.)* ¡Dominica! ¡Dominica! *(Entra.)* ¡Acá estamos toos! *(Aparecen en la puerta Pilaro, Francisco y tío Beba; detrás, mozas y mozos.)*

DOMINICA.—No me paséis de la puerta, que vendréis perdíos de barro... Ahora voy...

FELICIANO.—Nosotros sí... Entra, Francisco; entra... *(Entra Francisco, Pilaro y el tío Beba.)* Vosotros quedaros ahí fuera y bailar y cantar, y que os den un trago...

TODOS.—¡Viva el padrino! ¡Viva!

VOZ.—¡Que viva la señora Dominica!

TODOS.—¡Viva!

FELICIANO.—¡Tío Aniceto! Qué, ¿está usté aquí?

ANICETO.—Aquí he venío. Ya te veo de padrino.

FELICIANO.—¡Qué se va a hacerle!... Tenga usté un cigarro...; son superiores.

ANICETO.—Tú no lo gastas menos...

FELICIANO.—Aquí ties al novio, Dominica.

DOMINICA.—Ya le conozco. Por muchos años...

Francisco.—Y que ustedes lo vean con salú..., y la compañía...

Dominica.—Mala cara ties todavía...

Francisco.—Me cogieron unas calenturas, ende el verano pasao..., pero ya voy mejor...

Gubesinda.—*(Al tío Beba.)* ¿Y qué has ío tú a pintar a la boda?... ¿No sabías que hacías aquí más falta?

Feliciano.—Le dije yo que viniera...

Pilaro.—Pues podría haber faltao... ¡Lo que nos ha hecho reír! ¡Las cosas que a él se le han ocurrío en la iglesia! ¡Y siempre que viene a una boda se le ocurre lo mismo! ¡Y siempre nos reímos con él lo mismo!

Gubesinda.—¡Y lo que habrás bebío a estas horas! Apestando vienes...

Beba.—¿Estáis oyendo? Lo que es tener nota de algo en el mundo... ¿Qué he bebío yo? Vosotros podéis decirlo, que habéis bebío lo mismo que yo. ¿Qué he bebío yo?

Pilaro.—Lo mismo que toos, tía Gubesinda.

Beba.—Hay que advertir que la primera en alegrarse de que yo me alegre es ella, porque sabe que a mí no me da por faltar a naide, ni por pegar a la mujer, como a otros; el tío Catalino, pongo por caso..., sino too lo contrario... ¿Verdá Gubesinda?

Gubesinda.—¡Calla! ¡Calla!

Beba.—Pero es que estas mujeres, al igual de taparle a uno las faltas que tenga, las publican... Que no ha sío naide más que ella la que me ha puesto a mí la nota de borracho en el pueblo.

Aniceto.—Es que como te dicen tío Beba...

Beba.—Pero ¿quién no sabe por qué me lo dicen? Porque se lo decían a mi abuelo, y al primero

que se lo dijeron fué a mi bisabuelo, y no fué tocante a la bebida, ni muchísimo menos, que fué por
buen español..., por pa... pa...

FELICIANO.—¡Patriota!

BEBA.—Eso...

GUBESINDA.—Ya sabemos toos la historia.

BEBA.—Siempre hay alguno de afuera que no la
sabe y nunca falta quien puea creerse que lo de lla-
marme tío Beba es porque yo beba... Pues no, señor; fué que cuando andaban los franceses por
España llegaron aquí tamién, y fueron, y lo primero cogieron a mi bisabuelo, que era entonces alcalde, y le dijeron que les había de dar de comer
y de beber, que si no, y que le mataban... ¡Y él les
dió de comer y de beber! ¡Qué remedio! ¡Quién
no hubiéamos hecho otro tanto! Y cuando estaban
toos bien comíos y bien bebíos, cogen a mi bisabuelo, me lo suben encima una mesa, y ende allí
subío como estaba, y que había de decir como ellos:
¡Viva Francia y vivan los franceses! ¡Y viva el
rey de los franceses! Que de no, y le mataban...
Y caa vez que ellos gritaban ¡viva!, mi bisabuelo
no decía más que ¡beba! Ellos venga, ¡viva Francia!, y él, ¡beba!, ¡vivan los franceses!, y él, siempre ¡beban! Y como ellos, a la cuenta, no le en-
tendían bien o no les sonaba mal lo de beba, pues
no le mataron; pero él se salió con la suya, y too
el tiempo no le hicieron decir nunca ¡viva!, más
que ¡beba!, ¡beba! Y como luego se supo, le quedó
de ahí el nombre tío Beba, y de ahí nos vino a toos,
y de ahí me lo llaman a mí, que no es por naa
malo, me paece.

PILARO.—Y que es la verdá, como lo cuenta, que
yo se lo oí contar a mi abuelo.

BEBA.—Pues, luego, ¡qué había yo de decir una cosa por otra! Así fué y toos lo saben... Ahora, que cuando llega un día que hay que alegrarse, como hoy, y toos dicen: ¡Vivan los novios! ¡Viva el señor padrino! ¡Viva señora ama!, pues yo me acuerdo a mi bisabuelo, y digo: ¡Beban! ¡Beban! ¡Y bebo!

FELICIANO.—Muy bien dicho... Ya se armó el baile... Andar vosotras, sacarles vino. Vamos todos; venga usted también, tío Aniceto.

ANICETO.—Yo me vuelvo pa casa. Ya volveré. Quería hablar contigo, aunque ya he hablao lo bastante con la Dominica.

FELICIANO.—Pues no se vaya usted, hablaremos... Tráenos aquí de ese vino dulce bueno...

DOMINICA.—Tráete las hojuelas, Gubesinda...

BEBA.—¡Viva señora ama!

DOMINICA.—Gracias, hombre. *(Salen.)*

GUBESINDA.—¡Anda, anda! Que no ties vergüenza de haber ido a la boda.

BEBA.—¡Pues peor ropa llevaba el novio, y tan contento! ¿No es verdá, Francisco?

FRANCISCO.—¡Qué cosas dice usted, tío Beba!

PILARO.—¡Sí que te ha dicho cosas!

BEBA.—Las mismas que te dije a ti cuando te casaste... Es el día que a toos nos leen el Evangelio. *(Salen todos menos Feliciano y el Tío Aniceto.)*

ESCENA IV

FELICIANO y el TÍO ANICETO; después, GUBESINDA

FELICIANO.—Vamos, siéntese usté, que van a traernos de un vino muy rico; que usté nunca quie na conmigo... Y yo no quiео decirle a usté na de que haiga ido usté a casa de José, ni de otras cosas que usté hace, porque no quio que riñamos; pero usté no me quie como yo le quiero.

ANICETO.—Pue que algo más.

FELICIANO.—No, señor; que no me ha querío usté nunca, y yo no he sío malo pa usté. ¿He sío yo malo pa usté alguna vez?...

ANICETO.—Pa mí no.

GUBESINDA.—(Entrando.) Aquí está el vino dulce y hojuelas.

FELICIANO.—Déjalo ahí too. ¿Les habéis dao vino a ésos?

GUBESINDA.—Sí, señor. Al corral se han salío toos de bailoteo.

FELICIANO.—Que beban too lo que quieran.

GUBESINDA.—¡Eso es, como usté no tie luego que bregar con ellos!

FELICIANO.—Deja esa botella.

GUBESINDA.—¡Verá usté tamién!

FELICIANO.—¡Tú no calles nunca!

GUBESINDA.—¡Allá usté! Pero usté, tío Aniceto, no beba usté mucho, que aquí ya sabe usté que tien por gracia emborrachar a too el que llega forastero.

ANICETO.—No hay cuidao. (Sale Gubesinda.)

FELICIANO.—¿Es o no es el vinillo?

ANICETO.—Sí, es un vino.

FELICIANO.—Pues mañana le mando a usté media arroba a su casa. ¡Pa que usté vea si yo le quiero! Ande usté con otra hojuela, pa andar luego con otra copa, que estas copas no hacen na. ¡Mire usté qué finura de copas!

ANICETO.—¡Déjame estar, que estos vinos dulces son mu traicioneros!

FELICIANO.—Too es irse de aquí a la cama, abuelo. ¿Por qué no ha de quererme usté, vamos a ver, si yo le quiero a usté?

ANICETO.—Bueno está, hombre.

FELICIANO.—¡No se enfade usté nunca conmigo!

ANICETO.—No bebas más.

FELICIANO.—No me hace na... Ande usté tamién. Entre usté con las hojuelas pa entrarle mejor al vinillo. ¿Quie usté mejor una tajá de algo?

ANICETO.—Déjate, hombre, si he comío al mediodía.

FELICIANO.—Ya me supongo que habrá usté comío. ¡Que me alegro de verle a usté! Si usté no pue estar enfadao conmigo...

ANICETO.—Bueno, pues lo que yo quería hablar contigo es pa ver si puede arreglarse lo que quie José de la Umbría, que a los dos os conviene, que de no ser así yo no te diría palabra.

FELICIANO.—¿Lo ha hablao usté con la Dominica?

ANICETO.—¡Ya lo he hablao con ella!

FELICIANO.—¿Y qué dice?

ANICETO.—Que lo que tú digas; pero que tú has dicho que no, y menos pa ellos.

FELICIANO.—¡Cosas de las mujeres! Toas son lo mismo... Usté sabe lo que son.

ANICETO.—No pongas más, hombre.

FELICIANO.—¡Toas son lo mismo!

ANICETO.—Pero los hombres no hemos de llevarnos por ellas... ¿Quie decir que de tu parte no hay inconveniente?

FELICIANO.—Ninguno. Pero yo sé que la Dominica va a disgustarse, y yo no quieo disgustos. En la familia no tenía que haber nunca el menor disgusto, y de mi parte no lo habría nunca. Usté hable con la Dominica, que usté es su padre... Y pa má es usté mi padre tamién... ¡Yo no soy malo, abuelo! Eso es lo que siento, y que no haiga en esta casa una docena de muchachos pa llamarle a usté abuelo...

ANICETO.—Con la mitad de los que andan repartíos...

FELICIANO.—Tampoco es verdá eso; mucho es que han dao en decirlo... ¡Ande usté con otra! Pa que usté esté más templao pa convencer a la Dominica, que por mí no tie usté que decirme naa. Suya es la parte de la Umbría y too lo que quieran, basta que sea gusto de usté... Pa que usté vea si me niego a naa que usté me pida...

ESCENA V

DICHOS, DOMINICA, DOÑA JULITA, DOÑA ROSA y la DACIA

JULITA.—Muy buenas tardes tengan ustedes.

FELICIANO.—¡Ah, que son ustedes! Buenas tardes.

ANICETO.—¿Cómo lo pasan ustedes? ¿Y su esposo?

JULITA.—Así anda con sus dolores.

DOMINICA.—Van ustedes a tomar una hojuelas y de este vino, que pa eso las traigo a ustedes, que a toos no se les puede dar de esto... Siéntense ustedes... Ande usté, doña Rosa; tú, Dacia; usté, doña Julita...

FELICIANO.—Y una copita.

DOMINICA.—Espera, hombre, que saque más copas.

ROSA.—¡Ay, a mí licores, no!

DOMINICA.—Si es muy dulce...

JULITA.—Están muy finas estas hojuelas. ¿Las has hecho tú?

DOMINICA.—Yo, sí, señora... Tome usté otra.

JULITA.—En casa no nos salen tan finas...

FELICIANO.—Y usté otra copita. *(A doña Rosa.)*

JULITA.—No, Feliciano, que no tiene costumbre y luego le da por llorar...

ROSA.—¡Es tan dulce!

JULITA.—Venimos de casa de María Juana; por cierto que nos dijo que ella venía aquí también... Quedaba arreglándose...

DOMINICA.—¡No faltaba más que ella no se compusiera para venir aquí!

JULITA.—Hija, hoy tenía puesta otra blusa. Seis le llevo contadas, todas de seda... Esta de hoy es de un color canario...

DACIA.—No me gustaba... Una que tie de un color naranja es la más preciosa...

ANICETO.—Pues si ustedes no mandan algo...

DOMINICA.—¿Se va usté, padre?

JULITA.—Vaya usted por casa, que Romualdo tendrá mucho gusto de verle... Le contará a usted las cosas de aquí, que serán por el estilo de las de allí.

ANICETO.—En toas partes es lo propio...

JULITA.—Pero allí no tendrán ustedes un alcalde tan bestia y un juez tan sinvergüenza, con unas mujeres tan sopladas y tan tarascas. ¡Qué gente!

ANICETO.—Ya me pasaré por allí si tengo un rato... ¿Conque puedo decirle a José que por ti no hay inconveniente?

FELICIANO.—Ninguno...; por mí...

DOMINICA.—¿A qué dices que no hay inconveniente? ¿Al asunto de la Umbría? ¡Ya se ve! Has estao aquí bebiendo, y a ti, cogiéndote así, te llevan ande quieren... ¡Pues no se salen con la suya! Dígale usté a José que no, ¿estamos?; que no; que lo ha dicho Feliciano.

FELICIANO.—¿Lo ve usté cómo es ella?

ANICETO.—Entonces, ¿qué digo? ¿Que lo has dicho tú o que lo ha dicho ella?

DOMINICA.—¡Tú, tú!... ¡Lo has dicho tú!

FELICIANO.—Bueno; diga usté que ha dicho ella que lo he dicho yo.

ANICETO.—¡Cualquiera ata dos cuartos de cominos contigo! ¡Qué hombres!

DOMINICA.—Si usté no le hubiera hecho beber más de la cuenta pa cogerle la palabra...

ANICETO.—¿Pue que digas que soy yo?

DOMINICA.—¡Como usté no mira más que por la María Juana!

ANICETO.—¡Habla lo que quieras, que me voy por no oírte! (Sale.)

DOMINICA.—Pero ¿habías sío capaz de dar tu consentimiento? Pa que se rían de ti.

FELICIANO.—¡No te sofoques, mujer! Dices que no, pues no... No quiero yo belenes por cosas que no me importan. ¡Se ha terminao!

JULITA.—¡Cuestiones de familia!

ROSA.—¡Qué mundo éste! ¿A quién le faltará algo?

JULITA.—Pero no os disgustéis vosotros.

FELICIANO.—Nosotros..., no...

ROSA.—¡Ay Jesús mío!

DACIA.—¿Qué le pasa a usté, tía?

ROSA.—¿Qué ha de pasarme? Todo me recuerda mis disgustos.

DOMINICA.—¡Si aquí no hay disgustos!... Ea, vamos a ver bailar a esa gente. Y que baile también la Dacia.

DACIA.—Yo no bailo nunca.

DOMINICA.—Pues hoy ties que bailar con Feliciano.

DACIA.—¡Correndito! ¡Quita!

ROSA.—¡Ay! ¡Ay!

DACIA.—¡Pero, tía!... ¿Qué le pasa a usté?

DOMINICA.—¿Está usté mala?

FELICIANO.—Pero ¿qué acuerdo le ha dao pa ponerse así?

JULITA.—No hagáis caso; si es la pizca de vino que ha bebido... Siempre le sucede...

FELICIANO.—¡Vamos! Entonces, acostarla...

DOMINICA.—Que le dé el aire; vamos, doña Rosa.

ROSA.—¡Ay, yo me muero..., yo me ahogo! Se me anda todo...

DACIA.—Agárrese usté. (Doña Rosa se agarra con fuerza a Feliciano.)

FELICIANO.—¡Que se priva!

DACIA.—¿Qué hace usté? ¡A mí, tía!

DOMINICA.—Con el aire se le pasa...; vamos, doña Rosa.

ROSA.—¡Ay Jesús mío! ¿Qué dirán ustedes?

FELICIANO.—No decimos na. A cualquiera le sucede otro tanto...

DACIA.—Ande usté, tía... *(Sacan entre todos a doña Rosa. Salen todos menos Feliciano.)*

ESCENA VI

FELICIANO; *después,* GUBESINDA; *después, la* DACIA

GUBESINDA.—Pero ¿qué le ha dao a doña Rosa?

FELICIANO.—A la cuenta, que se ha amonao.

GUBESINDA.—¡Va llorando como una Madalena!

FELICIANO.—¡Se acordará de su marío!

GUBESINDA.—Voy a hacerle un poco de tila. Dice el ama que ella la puso aquí. No la encuentro. ¿Ande andará la tila?

DACIA.—*(Entrando.)* ¡Gubesinda!

GUBESINDA.—¿Qué manda usted?

DACIA.—Que no busques la tila, que no está ahí...

GUBESINDA.—Ya decía yo...

DACIA.—Anda, ve a hacerla, que yo llevaré una taza y el azucarero... *(Sale Gubesinda.)*

FELICIANO.—¿Se le ha pasao ya?

DACIA.—¡Calla, si hemos tenío que acostarla!

FELICIANO.—Eso es de los nervios. No se pue estar sin marío...

DACIA.—Eso será...

FELICIANO.—¿Tú no ties nervios?

DACIA.—¡Suelta!

FELICIANO.—¡Cuidao que estás guapa!

DACIA.—¡Feliciano, que grito! ¡Feliciano!... ¡Que no quiero gritar!

FELICIANO.—¡No seas tonta!

DACIA.—¡Suelta, bruto! ¡Vamos, Feliciano! *(Entra Dominica.)* ¡Ay! ¿Lo estás viendo?

DOMINICA.—La que lo estoy viendo soy yo. Vaya, que a lo primero ya he visto que ha sío él; pero a lo segundo ya te has dejao tú...

DACIA.—¡Ahora vas a creerte que ha sío así! ¡Ha sío él, ha sío él! ¡Que lo diga que ha sío él!

FELICIANO.—Ya lo habrá visto.

DOMINICA.—Tanto que lo he visto... Pero ¿vas a llorar?

DACIA.—Es que vas a decir que yo he sío consentidora... Que te diga cómo ha sío... ¡Bien descuidá estaba yo!

DOMINICA.—Anda, anda, que no te vea tu madre llorar... que va a creerse otra cosa.

DACIA.—Eso es..., tú te ríes... ¡La vergüenza que yo estoy pasando! ¡Bien descuidá estaba yo!

DOMINICA.—Anda, anda, que yo le diré a éste cuántas son cinco... ¡Que no vayas así ande está tu madre! *(Sale la Dacia llorando.)*

ESCENA VII

DOMINICA y FELICIANO

DOMINICA.—¡Del sofoco cae mala! ¡Cómo eres!

FELICIANO.—¡Si ha sío por reírme! ¡Como es tan vergonzosa!

DOMINICA.—¡Por reírte! ¡De la pobre, que todavía no se ha olvidao de ti! Si es que has andao too el día bebiendo y no sabes lo que te haces.

FELICIANO.—Como le veis a uno siempre serio, un día que está uno alegre ya tie que ser que ha bebío...

DOMINICA.—¿Serio tú? Conmigo... Candidito de casa ajena... ¡Huy! ¡Te acogoto!

FELICIANO.—¡Suelta, que haces daño!

DOMINICA.—¡Anda, anda! ¡Castigo! ¡Que eres mi castigo!

FELICIANO.—¡Vamos, deja!

DOMINICA.—Escucha... Quisiera preguntarte una cosa...

FELICIANO.—¿Qué será ello?

DOMINICA.—De cuando fuiste novio de la Dacia. No te pregunto na, que quiero saberlo too, y luego me da mucha rabia...

FELICIANO.—Si lo que se dice novios, no lo fuimos ni tan siquiera ocho días. Si cuando yo hablaba con ella yo ya tenía determinado no casarme más que contigo... Como así fué...

DOMINICA.—¡Así fué! Pero con las fatigas del mundo, que toas andaban tras de ti, y toas más cerca de ti, que yo estaba en mi pueblo con mi padre... Y toos los que venían me decían lo mismo... Ahora habla con Fulana, pues ahora es con Mengana..., y ca día era una, y así toos los días... Y yo más que callar, callar y pensando pa mí: ¿Y qué voy a hacerle? Él vendrá si es de ley... Y de ley no eras ni lo serás nunca... Pero tú viniste y pa mí fuiste y pa mí eres. *(Le abraza.)*

FELICIANO.—¡Suelta! ¡Que viene gente!

DOMINICA.—¡Que venga! Que no siempre tengo de ser yo la que llegue cuando estás abrazao con alguna otra...

ESCENA VIII

DICHOS y MARÍA JUANA

MARÍA JUANA.—¡Así está bueno!

DOMINICA.—¡Hola! Qué, ¿eres tú?

MARÍA JUANA.—¡No os privéis por mí!...

DOMINICA.—¡Claro que no!

FELICIANO.—¡Quita, tonta!

DOMINICA.—¡Ay, que le da vergüenza! ¿Has venío tú sola?

MARÍA JUANA.—No, con José... Ahí está con los de la boda... ¿Conque tenéis aquí toa la fiesta?

DOMINICA.—¡Como Feliciano ha sío el padrino!

MARÍA JUANA.—¡Ya lo sé, y mucho es que tú no has sío la madrina!

DOMINICA.—Que no me han hablao de serlo...

MARÍA JUANA.—Ya sé que por ti...

FELICIANO.—¡Qué elegantona andas!

MARÍA JUANA.—Ya lo ves...

DOMINICA.—Pa que reparen en ella como tú has reparao.

MARÍA JUANA.—Pa que mi marío no tenga que reparar en otras... Gusto suyo es, que yo me he pasao toa mi vida sin na de esto... Pero si ha de gastarse, más vale que se gaste en casa... Y mejor que parecerte mal, debías de aprender...

FELICIANO.—¿Dices que está ahí José?... Voy a buscarle.

MARÍA JUANA.—¿No te gusta la conversación?

FELICIANO.—Ni sé lo que habláis... Tengo que tratar con José de un asunto..

DOMINICA.—¿El asunto? Ya está too hablao... A
ver qué le dices tú ahora...

FELICIANO.—¡No tengas cuidao, mujer! *(Sale.)*

ESCENA IX

DOMINICA y la MARÍA JUANA

MARÍA JUANA.—Ya nos ha dicho tu padre, y que
eres tú la que no quieres. ¡Bastaba que fuera conveniencia nuestra! ¡Si fuera pa otros!... ¡Como tenéis aquello tan aprovechao!

DOMINICA.—Por eso mismo... Los que viven de
aquello, si los echaran de allí, tendríamos que lle-
varlos a otra parte, que no se iba a dejarlos sin comer... De modo que bien están allí... Sobre too, ca
uno se entiende en su casa y con lo suyo, y a naide
le importa.

MARÍA JUANA.—No, si contigo está visto que pa
conseguir algo no hay más que un camino.

DOMINICA.—¿Cuál?

MARÍA JUANA.—¡Bien lo sabes! ¡Si es que paece
que pa ti es un orgullo que no haya mujer que no
haya tenío que ver con tu marío! ¿Es que quiees
tú ser la única honrá? Pues no eres tú sola, que
otras han sabío despreciarle, y ya que no han podío ser su mujer como tú..., no han querío ser como
esas otras...

DOMINICA.—Ya te explicas... Como esas otras...,
no, porque querían ser más, tanto como yo..., lo
mismo que yo... ¡Y eso no ha habío quién! Que él
se divierte con toas y se ríe de toas, pero su mujer
no hay más que una... ¡Yo!, ¡yo!... y naa más que
yo, por cima de toas...

MARÍA JUANA.—¡Porque no ha llegao una que ha sabío quitártelo!

DOMINICA.—¿Quién iba a ser ésa?

MARÍA JUANA.—Yo lo hubiera sío, pa que lo sepas, pa que no lo agradezcas ahora...

DOMINICA.—¡Falta que él hubiera querío!

MARÍA JUANA.—¡Él bien quería, como quiere a toas! Y voy a decirte más... Yo le quería tamién, como no he querío a ninguno...

DOMINICA.—¡Ah! ¿Ya lo dices? ¡Si tenía que ser!

MARÍA JUANA.—Pero le quería como no le has querío tú nunca, pa mí sola, y he sufrido más que tú cuando veía lo que veía y me he consumío más que tú... Pero yo no quería ser como toas ésas..., diversión pa un día..., y lo que yo hubiera querío ser, lo que hubiera podío ser si me lo hubiera propuesto, no lo he querío ser por ti; porque nos hemos criao juntas, porque no he comío más pan que el de tu casa toa mi vida..., porque toos decían que éramos hermanas... Y así debe ser cuando tu padre ha hecho por mí too lo que ha hecho... Pero tú no sabes lo que yo he sufrío, lo que yo he pasao pa mí sola. Desde que te casaste y vine a esta casa contigo, porque tú no querías separarte de mí... ¡Pa mí no ha habío más hombre que él! Al principio era yo una mozuela y él no reparaba en mí como en una mujer, bromeaba conmigo, delante de ti mismo... Y yo, no querrás creerlo, temblaba de pies a cabeza sólo que él me mirase... Pero un día me miró de otro modo, debí de parecerle ya una mujer y me habló de otro modo tamién... ¡Y aquel día! ¡Lo que lloré aquel día! Hubiera querío marcharme de tu casa; hablé pa irme a servir a otra parte, a otro pueblo, lo más lejos... Pero ¿qué hubiera dicho tu padre? ¿Qué hubieras di-

cho tú? En esto, José tamién andaba tras de mí...,
me dijo que me quería pa casarse, que él hablaría
con tu padre, y si tu padre consentía en darme
algo..., por lo que decían toos..., que nos casábamos...
Y yo vi que era el modo de no perderme... Porque
ca día que estaba en tu casa era mi perdición...
Por eso dije a toos que Feliciano me perseguía, pa
salir de aquí cuanto antes, pa que entre toos me
defendieran, porque, pues créemelo como te lo digo,
como te lo juro, si yo hubiera sío un día de Feliciano, tenía que haber sío él mío pa siempre... Yo
no sé querer como tú; pa que me quieran así pre-
fiero que no me quieran... ¡Ahí tienes lo que yo he
hecho por ti, por toos; ahí tienes lo que yo he pasao! Ahí tienes por qué me he casao yo con José...,
que es su hermano... Y ahora él tiene que respetar-
lo y no acordarse más de mí..., aunque yo me acor-
dara de él... ¡Ya lo sabes! Ya he pasao la vergüenza de decírtelo too... ¡Ya puees estar orgullosa!
¡Tamién yo le he querío!..., pero no como ésas...
Tamién yo he sufrío por él..., más que tú..., que tú
has podío tener celos de las que pa él valían menos
que tú, pero yo los he tenío tamién de ti, que eres
su mujer y eres mi hermana..., y erais los dos too
lo que yo quería en el mundo. *(Rompe a llorar.)*

DOMINICA.—¡Mujer! ¡Mujer! ¡No llores así! ¡Si
te hubieras confiao de mí siempre!... ¡Si me hubieras hablao como ahora!...

MARÍA JUANA.—Nunca te hubiera dicho nada, si
no hubiera visto que tú me ibas tomando como
odio, más cada día..., que te creías de mí... Yo no
sé lo que te creías...

DOMINICA.—No ¡o sé yo tampoco! Que too era
orgullo, envidia de mí y pa él..., no, a él siempre
me he creído que le querías; por eso me daba más

rabia que quisiais decir que era desprecio... ¡Si no podía ser! Si cuando él quiere, ¿qué mujer se le niega? ¡Si sólo con mirarte paece que te manda en la voluntad!... ¡Si tie perdón toa la que se pierde por él!... Y tú que le has querío y has sabío guardarte... Ahora es cuando me pareces buena y honrada, cuando te miro como a hermana y tenemos que serlo siempre.

JOSÉ.—*(Dentro.)* ¡María Juana!

DOMINICA.—¡Que no vean que hemos llorao!

MARÍA JUANA.—¡Buena cara ties pa no conocerlo!

DOMINICA.—¡Pues anda que tú!

ESCENA X

DICHAS, FELICIANO y JOSÉ; *después*, PILARO

JOSÉ.—¿María Juana?

DOMINICA.—¿Cómo te va, hombre? ¿No saludas?

JOSÉ.—¿Por qué no? Ya te veo buena... Nos vamos...

DOMINICA.—¿Tan pronto?

JOSÉ.—No tenemos naa que hacer aquí... ¿Has oído?

FELICIANO.—Se ha incomodao porque le he dicho lo que había. ¡Qué vamos a hacerle!

JOSÉ.—La culpa la tengo yo por haber puesto nunca los pies en esta casa..., yo y mi mujer..., ende que pasó lo que pasó... Pero porque no digan que es uno el que trae contiendas en la familia...

DOMINICA.—¡Bueno! ¿Qué estás ahí hablando de más? ¿Pue saberse? Que te lo hablas tú solo... ¿Qué

te ha dicho Feliciano? ¿Lo que te había dicho mi
padre?... Pues haz cuenta que no han dicho naa
uno y otro. La Umbría es vuestra y no hay más
que hablar...

FELICIANO.—Pero ¿qué dices?

DOMINICA.—Ya lo hemos tratao yo y la María
Juana en este tiempo.

JOSÉ.—¿Y habéis llorao pa eso?

FELICIANO.—Pero ¿ha habío lloros? ¿Qué habréis tratao vosotras?

DOMINICA.—Eso es cuenta nuestra... El resultao
es que mañana mismo hacéis la obligación..., lo que
tengáis que hacer..., y listos... ¿Qué dices ahora?

FELICIANO.—Yo digo que nunca debía uno estar
al menaje de las mujeres, que le implicáis a uno too
lo malo, y lo bueno siempre tie que ser hechura
vuestra...

JOSÉ.—Yo digo que quisiera saber qué ha hecho
cambiar a la Dominica de modo de pensar...

FELICIANO.—No me mires a mí, que yo siempre
he pensao lo mismo.

DOMINICA.—¿Qué recelas? ¿No somos toos hermanos?... Si ha podido haber alguna vez un disgusto entre nosotros, ¿no tie que olvidarse too?...
¿No ties ya lo que querías? ¿Pa qué lo pedías, entonces?

JOSÉ.—No, si bien está... No vayas a cambiar
otra vez de idea... ¿Qué dices, entonces?...

FELICIANO.—Que mañana temprano nos vamos
tú y yo a la Umbría, hablamos con la gente de allí,
se mide el grano..., ves lo que te conviene...

JOSÉ.—Too ello nos llevará tres o cuatro días...

DOMINICA.—Iremos también nosotras...

FELICIANO.—No hacéis falta ninguna las mujeres...

MARÍA JUANA.—Es la primera vez que vamos a separarnos desde que nos casamos...

DOMINICA.—La Umbría está bien cerca; si José no pue pasarse sin ti..., pue ir y volver toos los días...

JOSÉ.—Pa tres días a too apurar que estaremos, ¡buena gana! ¿Es que Feliciano va y vuelve?

DOMINICA.—Por mí, no. ¡Si fuera por alguna otra!...

FELICIANO.—¿Por qué otra iba a ser?

JOSÉ.—Tú sabrás... *(Entra Pilaro.)*

PILARO.—¡Señor amo! Los de la boda quien despedirse...

FELICIANO.—Allá voy... Venir toos...

DOMINICA.—¿Y qué habrá sío de doña Rosa?... Voy yo tamién a ver... La Dacia no ha tenío cara pa volver a ponerse delante de mí.

MARÍA JUANA.—Pues, ¿qué le ha pasao?

DOMINICA.—Ya te diré...

FELICIANO.—Que les den la despedida... Vamos, vosotras... *(Salen Feliciano, José y Pilaro.)*

MARÍA JUANA.—José está encelao... No tengo más que mirarle pa saberlo... José cree que es Feliciano el que te ha convencio pa vender la parte de la Umbría... José cree que Feliciano es capaz de volver desde la Umbría na más que por mí, ahora que voy a quearme sola...

DOMINICA.—¡Y si supiera lo que yo sé ahora! ¡Mira tú lo que son las cosas, él andaría más celoso y desconfiao de ti y yo estoy más segura que lo he estao en mi vida.

MARÍA JUANA.—Bien puedes estarlo. Si queriéndole he sabío guardarme antes..., ahora tengo que guardarme más, que guardamos a toos. Si José llegara siquiera a creer la menor cosa de mí y de su hermano... ¡No quiero pensarlo!

DOMINICA.—¡Los hombres no saben más que matar cuando su mujer les ofende! Y no es que les importe más de nosotras; les importa de ellos... Si por cariño fuera, ¿qué no haría una tamién? ¡Si yo hubiera ido a matar ca vez que me ha ofendío!

VOCES.—*(Dentro.)* ¡Vivan los novios! ¡Viva el padrino! ¡Viva señora ama!

DOMINICA.—¡Ahí tienes! Esa boda... ¡En mi misma casa! ¿Y qué voy a hacerle? *(Enseñándole el gabancito que está haciendo.)* ¡Mira lo que hago!... *(Sale. Siguen las voces.)*

TELÓN

Cocina en una casa de pueblo

ESCENA I

Tío BEBA; *después, la* POLA

POLA.—*(Dentro.)* ¡Ave María!

BEBA.—¡Sin pecao! ¡Ah! Qué, ¿eres tú?

POLA.—¿Y señora ama y la Gubesinda?

BEBA.—Están a misa. Aquí estoy yo apañando la lumbre. ¿Qué te trae por acá?

POLA.—¡Tú verás!... Que pa los pobres no pue haber más que cavilaciones.

BEBA.—Pues qué, ¿os ha despachao el amo nuevo?

POLA.—¿Despedirnos? No, pero la del otro. "No te diré que te vayas, pero te haré obras pa que lo hagas." Tendremos que despedirnos nosotros... Y a eso he venío, a que el ama no nos desampare, que al amo ya le hemos hablao, y ya sabes cómo es... a más, que anda ahora muy divertío... ¡Válgame Dios! No sé cómo el ama es así... ¡Si yo le dijese más de cuatro cosas de alguna!...

BEBA.—¡Anda y díselas! No harás más que corresponder, por cuanto se las han venío a decir de vosotras..., más de cuatro y más de ocho...

POLA.—¡Toas fueran como yo! ¡Y toas miraran esta casa como la he mirao yo siempre!...

BEBA.—¿Y quedaba el amo en la Umbría?

POLA.—No sé decirte. No vengo de allí. Dos días falto.

BEBA.—Pues ¿ánde has andao?

POLA.—Y tamién mi marío...

BEBA.—Tú respondes como la obra... "Préstame un azadón..., yo a usté tamién." No pega bien. ¿Tú sabes eso?

POLA.—¡Ya tendrá su malicia!

BEBA.—Pues estaba una mujer sentada a la lumbre, junto al señor cura de su pueblo..., y más desviao estaba el marío, cuando oyó y que su mujer le dice al cura: "Yo a usté tamién." "¿Qué te ha preguntao el señor cura para responderle: yo a usté tamién?" "Me decía de prestarle un azadón..." Y el marido se quedó un rato cavilando, y al cabo va y dice: "Préstame un azadón, yo a usté tamién... No pega bien..." Pues, eso te digo yo a ti.

POLA.—¡Anda, chocarrero! ¡Que a toos has de sacar una malicia! Quise decirte que yo y mi marío faltamos de la Umbría dos días y que no sabemos naa de lo que allí pasa...

BEBA.—¿Luego algo pasa?

POLA.—Algo tie que pasar; que el amo no ha dormido allí algunas noches...

BEBA.—Aquí tampoco.

POLA.—Pilaro podrá dar razón, que le acompaña.

BEBA.—Por eso será el irse allí ca cuatro días con su hermano, un día con que si no han acabao de separar el ganao..., otro que... Ca día es una cosa.

POLA.—¡Si una quisiá hablar!...

BEBA.—¡Sí! ¡Que habrás venío tú dos leguas pa callarte naa! ¡Me paece que entiendo a la Gubesinda!... ¡Vela, aquí está!

ESCENA II

DICHOS y GUBESINDA

POLA.—¡Buenos días nos dé Dios!

GUBESINDA.—¡Santos y buenos! ¿Qué te trae par acá?

POLA.—Hablar con el ama. Qué, ¿no ha venío contigo?

GUBESINDA.—No; al salir de la iglesia se fué pa casa de don Romualdo. No se tardará mucho. (Al tío Beba.) Y tú, ¿qué has hecho? ¡Qué apaño de lumbre! ¡Da p'acá esas trameras! ¡Si no se te pue encomendar naa!

BEBA.—¡No sé qué ties que pedirle a esta lumbre! ¿No arde?

GUBESINDA.—Bueno está. Lo que yo quería es tenerte aquí sujeto pa que no comenzaras tan temprano la de toos los domingos.

BEBA.—Cualquiera que te oiga... Tú no le hagas caso. La de toos los domingos es que los mozos me tien comprometío pa enseñarles unas piezas a la guitarra, y andamos por ahí con la música convidando a toas las mozas pa la tarde el baile de la plaza. Ése es todo el pecao que hago yo los domingos.

GUBESINDA.—Sí... Y a la puerta ande hay ramo es la música más larga.

BEBA.—Y ya me voy pa allá, que estarán aguardando por mí.

GUBESINDA.—¿Qué pintarás tú con los mozos? ¡Quisiea yo saberlo! ¡Anda, anda, que por no verte ni oírte!... Pero ¿ánde vas con esa tranca?

BEBA.—¿Esto? Esto es la razón, el código, como decía uno que le decían aquí el tío Leyes, en gloria esté. Y andaba siempre con un garrote que paecía el as de bastos, y decía a too: "Yo voy siempre con mi razón..."

GUBESINDA.—Y a razones de ésas mató a la mujer.

POLA.—¿No irás tú a hacer lo propio?

GUBESINDA.—¡No lo verá él! Pa ese código tengo yo estos diez mandamientos...

BEBA.—Me los tengo muy sabíos. Conque... ¡hasta otra vista!

POLA.—¡Que te vaya bien, hombre!

GUBESINDA.—¡Si no volvieas nunca!

BEBA.—Si supiea yo que no ibas a dar conmigo ande me fuera...

GUBESINDA.—¡Ya volverás, ya! Lo que no quisiea es ver cómo vuelves...

BEBA.—*(Canta.)*

> Aunque me ves que me ves
> que me vengo cayendo,
> es un andar pulidi...
> pulidito que tengo.
>   Aunque me ves que me ves
> que me caigo...,
> es un andar pulidi...
> pulidito que traigo. *(Sale.)*

GUBESINDA.—¡Ay qué hombre, qué hombre!

ESCENA III

GUBESINDA y la POLA

POLA.—Qué, ¿tan mala vida te da?

GUBESINDA.—¡Qué tie que darme! ¡Si es un peazo de pan! Sólo que estoy así siempre con él pa que no se me escarríe... ¿Y qué quies al ama? No anda muy buena estos días... Nunca la he visto tan pará y tan abatía.

POLA.—Estará disgustaa con que el amo y haiga vendío la parte de la Umbría.

GUBESINDA.—Por eso no. Si ha sío cosa de ella y está con la María Juana... ¡Jesús! ¡No sabe ánde ponerla! Lo que no había sío ende lo que pasó antes de casarse con José.

POLA.—Y el amo y su hermano tamién paece que andan muy uníos...

GUBESINDA.—¿Allí les habrás dejao?

POLA.—Yo y mi marío faltamos dos días de la Umbría, pero allí quedaban con la cuestión del ganao, que si José se queaba con too...; pero nunca los he visto tan conformes. Pa nosotros es pa quien no andan tan bien, que ya nos tenemos tragao que saldremos de allí. Y a eso he venío... Yo creo que el ama ha de mirar por nosotros... ¿Qué te parece?

GUBESINDA.—¡Que si mirará!...

ESCENA IV

DICHAS y la JORJA con sus dos chicos

JORJA.—¡La paz de Dios!

GUBESINDA.—¡Con toos sea! ¡Huy, la Jorja!

POLA.—¡La Jorja!

JORJA.—¡Que está aquí la Pola! (A los chicos.) Pero ¿queréis soltarse, que naide va a comeros?... Sentarse aquí sin menearos pa naa.

GUBESINDA.—Déjalos estar... Aguarda, les daré un cacho pan, y andar, salirse quí al corral a pegar cuatro brincos... Pero no me corráis a las gallinas ni a los coratos, que sus mato.

JORJA.—¿Cómo se dice? Pero estos condenaos, maldecíos, que nunca tendrán modos... (Salen los chicos.) ¿Y el ama?

GUBESINDA.—¿También tú traes pleito con el ama? ¡Pues, hijas, con vosotras tie bastante!

JORJA.—¡Alguna ya sé yo a qué haiga venío!

POLA.—¡Mucho saber es, que no lo he comunicao con naide!

JORJA.—¡La intención está vista!

POLA.—¡El que la hace la piensa! Sí, que tú no habrás venío a lo mismo.

JORJA.—¡Yo he venío a que ninguna puea alabarse de engañarle al ama! ¿Te creerás tú que yo no sé a qué has venío? A meter cuchara pa que os traigan a la dehesa en el lugar nuestro. ¡Como el amo nuevo os echará de la Umbría, si es que no os ha echao!...

POLA.—¿Y con vosotros qué tenía que hacer si supiera lo que erais?

JORJA.—¡Sí, que de vosotros no sabrán naa! A ojos vistas, que lo están viendo toos..., a ojos vistas.

POLA.—¿Qué quies decir con eso?

JORJA.—Tú sabrás.

POLA.—¿Es decirnos ladrones? ¿Y quién lo dice?

GUBESINDA.—¡Queréis callar! Riñen los pastores y salen los hurtos...

POLA.—Es que a mí no me dice eso naide... Es que naide pue probárnoslo, como se les pue probar a ellos.

JORJA.—¿A nosotros? No nos viene de casta como a ti, que has tenío en tu familia quien ha estao en presidio.

POLA.—Ande debía haber ío tu padre si hubiá justicia, que él fué quien lo hizo y lo achacó a otro con testigos falsos.

JORJA.—Ya te has callao si no quies que... *(Abalanzándose a ella.)*

POLA.—¿A mí, tú? Ahora verás...

GUBESINDA.—¿Eh? ¡Que no reparáis ande estáis y no me habéis oído a mí entoavía!...

(A un tiempo.)

POLA.—Déjame, que a ésa la tengo yo ganas... que ésa entoavía no sabe quién soy yo.

JORJA.—No me la quites, que la espiazo, que no miro naa..., que no sabe...

ESCENA V

DICHAS y DOMINICA

DOMINICA.—Pero ¿qué es esto?

(La Pola y la Jorja quieren hablar a un tiempo.)

GUBESINDA.—¡Ya estáis callando! Pero ¿es que no vais a respetar naa?

DOMINICA.—¡Déjalas! Si too esto se va terminar de una vez..., hoy mismo.

POLA.—¡Yo con naide me metía!...

JORJA.—¡Yo bien callá me estaba!

DOMINICA.—Dejar que venga el amo, que bien pue ser que esté al llegar... Veréis el paso que vais a llevar toos; vosotros de la dehesa, y vosotros de la Umbría..., y otras tamién, que no vais a ser vosotros solos, que too esto va a terminarse y too va a ir por otro orden, que a toos os he aguantao largo...

GUBESINDA.—¡Si supieas sostenerte en lo que dices!

POLA.—¡Eso es! ¡Ay Virgen Santísima! ¿Qué será de nosotros? ¿Ánde iremos, siete que nos juntamos, sin más amparo que esta casa?...

JORJA.—¡Señora ama! ¡Por la salú de lo que usté más quiera! ¡Ay madre! ¿Qué será de esas criaturas?

DOMINICA.—¡Ni que repliquéis, ni que lloréis, que ha de valeros!... ¡Se acabó, se acabó! ¿Qué os teníais creío? ¿Qué toa la vida iba a ser lo mismo? ¿Que yo no soy naide? ¡Ahora mismo os quitáis de mi vista, y que no os vea yo más!

JORJA.—¡Venir acá, hijos míos! ¡Venir acá!

DOMINICA.—¡Que no me llames a los muchachos! ¡Que no quieo ni verlos! ¡Se acabaron pa mí los

muchachos de naide! ¡Y vosotras y toos! Y ahora
mismo os vais por esa puerta y no me volváis a
entrar por ella... ¡Ahora mismo!

GUBESINDA.—¡Vamos, largarse!

JORJA.—¡Ay madre! ¡Que nunca he visto así al
ama, ni creí verla nunca!

POLA.—¡Si teníais que hartarla entre toos!

JORJA.—¡Mia quien habla! ¡Si no fuean algunas!...

DOMINICA.—Pero ¿no os he dicho que no quiero
veros?

GUBESINDA.—Andar, andar... Que ya estoy yo
también asustá; que esto tie su misterio. *(Salen
la Jorja y la Pola.)*

ESCENA VI

DOMINICA y GUBESINDA

DOMINICA.—No me mires... Porque va a ser como
lo digo. Mañana no me quea naide de toa esta gente; y si Feliciano quie ponerse de su parte... Pero
no se pondrá, que alguna vez tengo yo que hacerme valer... Y las cosas van a ir de otro modo de
aquí en adelante.

GUBESINDA.—¡Dominica!

DOMINICA.—¿Qué? ¡Tamién pue que tú ahora
quieras salir de su parte!...

GUBESINDA.—¡Si es que te estoy mirando y me
paeces otra!

DOMINICA.—¡Pues soy yo, la Dominica, el ama de
su casa, que alguna vez había de ser yo el ama!
¿Ánde íbamos a parar? ¡Si esta gente hubiea dao
fin de nosotros!

GUBESINDA.—Dominica, tú algo me callas... o me estás diciendo mucho... ¡A ti te pasa algo que no te ha pasao nunca!... ¡Dominica! ¡Al concluir la misa te has acercado a rezarle a la Virgen del Rosario, la que está como sentá con el niño Jesús en los brazos!... Antes no hice reparo..., pero ahora...., ese rezo tenía su porqué... ¡Dominica! ¡Que a ti te pasa algo!... ¿Es que...? ¡Jesús! ¡Dios mío! ¡Si eso fuea!

DOMINICA.—¡Pues es, Gubesinda; es! ¡Dios y la Virgen Santísima lo han querío! ¡Ya no tengo que envidiar a ninguna mujer del mundo, ya soy la más feliz de toas!

GUBESINDA.—¡Hija de mi vida! ¡Ven y que te abrace! ¡Hija de mi alma! Si pa mí... ¡Vamos! Si lo que yo tengo rezao pa que eso fuera... ¡Y yo, tonta de mí, no haberlo conocío! ¿Y no se lo has dicho a Feliciano entoavía?

DOMINICA.—No quería decírselo... ¡Si es que entoavía me paece mentira! ¡Si es que quisiá, sin decírselo yo, que él lo sintiera..., dentro de su alma como lo he sentío yo dentro de mis entrañas!... ¡Si me paece mentira que no esté ya aquí, que no haya habío un milagro y no se le haya aparecío algún ángel pa avisárselo!... ¡Si sólo en pensar cuando se lo diga!... Pero ¿cómo pue haber mujeres malas pa quien tenga que ser una vergüenza esta alegría tan grande?

GUBESINDA.—Mira; yo me voy a buscar ahora mismo a mi marío, antes de que no esté pa naa...., y sale a escape pa la Umbría y vuelve con Feliciano, que no pue consentirse que esté sin saberlo a estas horas...

DOMINICA.—¡Si estoy segura que ha de venir hoy! ¡Si me paece que me lo están diciendo!... Y que ha de venir más alegre que nunca y que ha de entrar por esa puerta preguntándome: ¿Y mi hijo? ¡Nuestro hijo, Dominica, nuestro hijo..., como si ya le tuviea en mis brazos, más hermoso que un sol, porque tie que ser muy hermoso; que ende que pienso en él me paece que me bailan elante los ojos todas las hermosuras del mundo!

GUBESINDA.—¡Ay, qué alegría, qué alegría! Aunque me digan que estoy loca, así que entienda la música de los mozos, en medio de la plaza me planto y me pongo a bailar yo sola...

DOMINICA.—¡Y yo contigo!

GUBESINDA.—¿Tú? ¡Qué disparate! ¡Vas tú a bailar! Y lo que has de hacer es no trajinarme en naa de aquí en adelante... y cuidarte mucho que... ¡Jesús! ¡Dios mío! No quiero pensarlo... Que así como tantas pobres andan afanás trabajando hasta lo último y no les pasa naa, porque han de echar al mundo otro pobre pa pasar trabajos..., éste que nace pa tener too el regalo del mundo..., pue que por lo mismo...

DOMINICA.—¿Quies callar?

GUBESINDA.—¡Ties razón! Pero ¿no era un dolor pensar que too lo que hay en esta casa no tenía un heredero de su sangre? Que too hubiera ío a parar... ¡Dios sabe dónde!... Y ahora...

DOMINICA.—Ya ves tú, ahora tengo que mirarlo de otra manera... ¡Vas a ver, a ver! ¡Si es que he estao tonta! Pero se acabó, se acabó... ¡Con too voy a llevar yo cuenta! ¿No es cargo de conciencia pa mí lo que se ha tirao y se ha esperdiciao en esta casa? ¡Nadie ha mirao por ella!... ¡Tambien tú, Gubesinda, de hoy más no me gastes lo que me gastas!...

GUBESINDA.—Pero ¿vas a decirme a mí eso?
¡Jesús! ¡Dios! ¿Qué tengo yo esperdiciao nunca?...
¡Que no miraría más si fuea mío!...

DOMINICA.—Bueno, no vamos a regañar ahora...;
pero este mes se ha gastao mucho aceite, y el sal-
vao tú verás...

ESCENA VII

DICHAS, DOÑA JULITA y DOÑA ROSA

JULITA.—*(Dentro.)* ¿Por dónde anda la gente?
¿Hay permiso?

DOMINICA.—¡Doña Julita, doña Rosa!

ROSA.—¡Muy buenos días!

DOMINICA.—No; entren ustedes por aquí... Vengan ustedes.

JULITA.—Deja, deja... Si no nos sentamos... Estamos muy de prisa... Nos dijeron que habían pasao por casa...

DOMINICA.—Después de misa, por saludarles a
ustedes. Como no las vi a ustedes en misa, dije,
digo: pues alguien que hay malo, que doña Julita
no falta nunca.

JULITA.—Pues estamos bien..., es decir, bien...
Disgustos no faltan...

ROSA.—¿Y qué es la vida? ¡Tribulaciones! ¡Si
una no supiera que este mundo no es más que un
trámite para el otro!

DOMINICA.—¡Jesús! ¿Qué les ocurre a ustedes?

JULITA.—En primer lugar, mi cuñada nos deja...
¡Esto no es un disgusto, es decir, nosotras lo sentimos!... Quiero decir que esto no es para nada
malo... Vuelve a juntarse con su marido.

DOMINICA.—Como tenía que ser... Si otra cosa no era posible...

ROSA.—¿Qué quiere usted? Tanto me han escrito, tanto han influído en mí personas de respeto... Es la cuarta vez que perdono... No quiero que quede por mí nunca, no quiero que nadie pueda decir el día de mañana que si cayó en un despeñadero fué porque yo no le he tendido a tiempo la mano... ¡Pero si viera usté que estoy tan escarmentada!...

DOMINICA.—¡Verá usté cómo ahora es de veras! La lástima es que no tengan ustedes hijos... Los hijos son el todo; habiendo hijos...

ROSA.—¡Tuve dos! ¡Hijos de mi vida! Pero los dos se me desgraciaron; uno de cinco meses, otro de siete...

DOMINICA.—¡Qué pena! ¡Jesús, Dios mío! ¡Eso sí que no debía ser!... ¡Morirse los hijos! Es que toos los cuidados son pocos con las criaturas...

ROSA.—Sí, señora; todos son pocos...

DOMINICA.—¡Uno de cinco meses y otro de siete! ¡Estarían tan ricos! ¡Válgame Dios! ¡Pa eso mejor es no tenerlos!

JULITA.—Y para todo...; porque hasta verlos criados... Y después, bien dicen: "Tus hijos criados, tus duelos doblados..." El disgusto grande que tenemos en casa es con la Dacia.

DOMINICA.—¿La Dacia? Pues ¿qué le pasa?

JULITA.—Figúrate que se le ha puesto que quiere meterse a monja.

ROSA.—A mí me parece una inspiración del cielo, y yo no se lo quitaría de la cabeza...

JULITA.—No quieras saber su padre cómo se ha puesto. ¡No se le puede hablar, no se le puede oír!... ¡Qué horrores dice!...

Rosa.—¡Ese desgraciado hermano mío, condenándose por momentos!

Dominica.—Pero ¿qué acuerdo le ha ido a dar ahora a la Dacia? Una moza tan guapetona... Ya le diré yo...

Julita.—Por de pronto, su padre quiere llevársela a Madrid.

Dominica.—Muy bien pensao; a divertirse.

Julita.—Y después quiere que pasemos una temporada en Torrijos, con unos parientes que tenemos. Romualdo lleva su idea... Es que..., francamente, con el personal que todos conocemos, ¿quién se atreve a casarla?

Dominica.—Pues la casan ustedes allá con un buen mozo, aunque no sea rico; no miren ustedes el dinero; pa eso lo tienen ustedes.

Rosa.—Nunca estará como en el convento, pidiendo por su padre, que bien lo necesita, y por todos nosotros.

Dominica.—¡Déjese usted, doña Rosa, que ca uno pidamos pa ca uno, y no hay necesidad de enterrarse nadie en vida pa eso!...

Julita.—Así es que no te extrañes de no habernos visto en la iglesia... Romualdo nos cerró con llave y nos ha tenido encerradas hasta ahora.

Rosa.—A mí se me representaba María Antonieta cuando la Revolución de Francia. No quiero pensar si en España sobreviniera algo semejante; ya estoy viendo a mi hermano descamisado como Robespierre..., y a nosotras en la guillotina...

Julita.—Y Feliciano, ¿por dónde anda?

Dominica.—Está en la Umbría... Hoy le esperaba...

Julita.—Yo creí que había vuelto con su hermano.

DOMINICA.—¿Con José? ¿Es que ha vuelto José?

JULITA.—Sí; ahora le hemos visto cruzar la plaza. ¿Verdad?

ROSA.—Sí, señora; nos ha dado los buenos días...

DOMINICA.—¿Oyes esto? José aquí, solo... ¿Qué pue ser esto?

GUBESINDA.—Na, mujer; que Feliciano se habrá quedao allí de caza.

DOMINICA.—¡Huy! ¿De caza? ¡Estoy por irme ahora mismo pa la Umbría!

GUBESINDA.—¡Déjame estar!

JULITA.—Ya sentimos haberte dicho nada; pero no creíamos que tuviera nada de particular.

DOMINICA.—No, particular, no... Es que... ¡Vamos! ¡Qué Feliciano! ¿Qué tendrá que hacer él allí solo?

JULITA.—Bueno; con Dios, hija.

ROSA.—Usté siga tan buena... Ya vendré a despedirme de usté cuando sea la marcha... Aún tardaré unos días. Mi esposo está poniendo casa... ¡Es la cuarta vez que ponemos casa! ¡Ya ve usté qué trastornos, qué gastos!

DOMINICA.—¡Claro está! Como si se hubieran ustedes casao cuatro veces... (Salen doña Rosa y doña Julita.)

ESCENA VIII

DOMINICA y GUBESINDA

DOMINICA.—¿Has entendío? ¡José está aquí y él allí! ¡Y yo que le esperaba! Voy a casa de la María Juana a saber cómo ha sío lo de quedarse Feliciano. Algún enreo de los suyos... Pues no lo

paso; a la que sea esta vez, te digo que la dejo es-
carmentá... ¡Y a él.... ¿Qué merecía él? ¡Te parece
que esté una con toa la ilusión del mundo aguar-
dándole pa darle una alegría... y él...! ¡Qué hombres! Si no pue quererse a los padres como a las
madres... Ese castigo ha e tener, que su hijo me
querrá a mí naa más...

GUBESINDA.—¡No digas! Un padre es siempre
un padre...

DOMINICA.—Me querrá mucho más; que sabrá
too lo que tengo pasao, lo que me ha hecho pasar
su padre.

GUBESINDA.—¡Esos cuentos vas a contarle al
chico!

DOMINICA.—¡Mia que no venir, mia que no venir!

GUBESINDA.—¿Y antes que estaba los días fuera,
sin saber dónde, y no te importaba?

DOMINICA.—¡Antes, antes! ¿Que va a ser ahora
lo mismo que antes? ¡Pue empezar ahora a dar
malos ejemplos al muchacho!

GUBESINDA.—¿Tie que ser muchacho por fuerza?

DOMINICA.—¡Que voy a querer que sea chica, pa
que pase lo que su madre! ¡Muchacho, muchacho!...
¡Pa que me desquite, no dejándome en paz a ninguna!... ¡Los nietos que me va a juntar el conde-
nao del muchacho! Y a ésos sí los querré..., no
como a esos otros, que no quieo ni verlos; que no
me traigan aquí a ninguno..., porque no sé..., no
sé... ¡Que me han estao robando lo que es de mi
hijo, que no me lo perdonaré nunca!

ESCENA IX

Dichas y el Tío Beba

BEBA.—¡Gubesinda! ¡Gubesinda! ¡El ama!

GUBESINDA.—¿Qué te pasa que vienes tan acelerao?

BEBA.—Pues pasa..., pasa... Ello tie que saberse, que está enterao too el pueblo.

DOMINICA. — ¿Qué? ¡Algo malo pa mí, dilo pronto!

GUBESINDA.—¿Qué malo va a ser? Alguna burrá de éste y los mozos...

DOMINICA.—No, no. ¡Vamos, dilo!

BEBA.—Pues es..., es que Pilaro ha venío ende la dehesa a buscar al méico.

DOMINICA.—¡Ay Virgen! ¡Eso ha sío pa Feliciano! ¿No estaba en la Umbría?

BEBA.—No; salió anoche a caballo... Venía hacia el pueblo a la cuenta.

DOMINICA.—¿Y José sí ha venío y él no? ¿Qué le ha pasao? ¿Pa qué querrán al médico? ¿Tú lo sabes?

BEBA.—Pues dice Pilaro que el amo está herío.

DOMINICA.—¡Herío! ¿Y quién me lo ha herío? ¡Si es que no me lo han matao! ¿Quién ha sío? Dímelo. ¿Quién ha sío?

BEBA.—Yo naa sé..., ni Pilaro quiso ecirme naa; que venía p'acá y que está herío; no sé más.

DOMINICA.—Ya estás sacando las caballerías; ya estamos andando. Yo me voy p'allá ahora mismo. Vamos, tú, Gubesinda, toos conmigo... ¡Ay, que me lo han matao y no quien decírmelo!

GUBESINDA.—¡Quita, mujer! No será naa; una riña..., algún mal encuentro..., o una desgracia... Tú tamién podías haberte enterao, y sobre too no venir a decir las cosas de esa manera... ¡Pa sustos estamos! Y tú no te aceleres, que no será naa...; verás si con el susto...

DOMINICA.—No; no me asusto... Lo que quiero es saber... Pero ¿qué quiero saber? ¡Si lo sé ya too! ¡Si tie que haber sío como lo pienso!... El estar José aquí, el no haber ío María Juana a la iglesia... ¡Eso ha sío, eso ha sío! Es que venía por ella y José se ha enterao y habrán reñío... ¡Y he sío yo, he sío yo la que tie la culpa! ¡Yo, que he sío una mala mujer, que se la he echao en los brazos!... Si ella le quería, si me lo dijo... ¡Y yo..., por lo mismo, más cerca de mí, más cerca de él..., como si no le conociera! ¡Como si no la conociera..., que me ha engañado con la verdá! ¡Eso ha sío! ¡Eso ha sío!

GUBESINDA.—Pero ¿qué estás diciendo? ¡Tú estás loca!

DOMINICA.—Pero ¿qué haces ahí? Vamos, vamos..., que iré yo sola..., aunque sea arrastrándome... Pero antes quiero ver a José, a la María Juana; quiero saber... Vamos, Gubesinda...; ven conmigo...

BEBA.—No corras... Más a tiempo...

DOMINICA.—¡Ah! Mia cómo viene... Mia cómo era.

ESCENA X

DICHOS, *la* MARÍA JUANA *y* JOSÉ

(Dominica, al ver a María Juana, se abalanza a ella.)

DOMINICA.—Vienes llorando, ¿verdá? ¡Más ties que llorar, condená!

MARÍA JUANA y GUBESINDA.—¡Dominica!

DOMINICA.—*(A José.)* ¿Has sío tú, has sío tú? ¿Y por qué no la has matao a ella, que es a quien tenías que haber matao?

JOSÉ.—Pero ¿tú sabes...? *(A María Juana.)* ¿Lo ves ahora? ¿No ecías que la Dominica sabía que no venía por ti? ¡Mia como lo sabe! ¡Niega que le esperabas, niégalo ahora! ¡Que eres una mala mujer, que te quito la cara!... *(Va a pegarla.)*

MARÍA JUANA.—¡Ah! ¡No me pegues! ¡Que no tengo culpa! ¡Por la gloria de mi madre!

GUBESINDA.—¡Vamos, hombre! ¿Qué vas a hacer?

DOMINICA.—¡Déjale, déjale que la mate! Que alguna vez tenían que matar los hombres a alguna mujer... Y por ella has herío a tu hermano... ¡Quién sabe si le habrás matao!...

JOSÉ.—¿Qué dices? ¡Yo no lo he herío!... ¡No he sío yo!

DOMINICA.—Entonces...

JOSÉ.—Ha sío él solo. Se cayó del caballo.

MARÍA JUANA.—Si no me dejáis hablar... Si él no venía al pueblo, ni venía por mí...

DOMINICA.—Pues ¿qué ha sío entonces?... Si es que no mientes por salvarte.

José.—Yo no miento. Las cosas como han sío. Yo supe que dos o tres noches no había dormío Feliciano en la Umbría... Pensé lo que ando pensando siempre..., más desde que Feliciano consintió en venderme la parte de la Umbría y tú lo dejaste... Y yo he sío el que ha buscao pretexto pa volver allí con él otra vez..., y me he estao al acecho toas las noches, cuando él me creía más dormío... Y anoche le vi salir a caballo y Pilaro detrás..., y yo a pie, corriendo, como pude, por trochas y atajos..., les tomé delantera y entré en el pueblo sin que nadie me viese y estuve rondando mi casa toa la noche...

Dominica.—¿Y le viste entrar?

María Juana.—¡No vió nada! ¡Es mentira!

José.—Vi que en tu ventana se encendía y se apagaba la luz a ca paso.

María Juana.—Porque faltando tú de casa estoy muerta de miedo... ¡Y como el perro no dejó de ladrar en toa la noche, que a la cuenta te barruntaba!...

José.—¡Ésa es otra! El perro me lo trajo Feliciano estos días y le conoce a él más que a toos... ¡Too estaba bien urdío!

Dominica.—Pero acaba. ¿Llegó Feliciano?

José.—No llegó... Ésa fué su suerte y mi desgracia, que yo hubiera querío cogerlos allí mismo...

María Juana.—¿A mí? Si es que venía al pueblo, que no lo sabes, no venía a mi casa, que bien cerradas estaban las puertas y naide le hubiera abierto ninguna...

Dominica.—Pero ¿no llegó al pueblo?

José.—No llegó, porque, según dice Pilaro, conforme iba liando un cigarro, el caballo hizo un espanto, y cayó de mala manera y...

DOMINICA.—¡Virgen Santísima!

JOSÉ.—¡No te asustes! No ha sío naa, un golpe en un brazo..., pero naa... Fué por su pie hasta la dehesa, que no quiso venir por no asustarte y porque no supieses lo que ya sabes.

MARÍA JUANA.—¡Lo que no sabes, lo que no es verdad! ¡Antes de llegar al pueblo se pue tirar por muchos caminos, por cualquiera pudo tirar!...

GUBESINDA.—Ties razón... A más que yo creo saber ande iba...

JOSÉ.—¿Y quién lo asegura? Yo tengo mis motivos pa creer lo que creo.

MARÍA JUANA.—¡No tienes ninguno, y tú menos!

DOMINICA.—¿Yo? ¡Yo sí lo creo como José..., y lo creo porque ha sío culpa mía..., pa que Dios me castigue ahora, pa que tú te le lleves, como has querío siempre!

JOSÉ.—Pa eso tenía que haber antes alguna muerte. ¡Maldito caballo que no lo trajo ande venía o no le llevó ande fuera! Pero yo sabré si él ha venío otras noches, que han sío tres las que ha faltao de la Umbría; yo lo sabré.

MARÍA JUANA.—¡Ojalá lo supieras!

DOMINICA.—¡Hemos de saberlo; si Feliciano no quiere condenarse y condenarnos a toos, hemos de saberlo!... ¡Y si fuera verdad, si fuera verdad!... ¡Con tal que la mates a ella, te consiento que le mates a él! Ésta no la paso. ¡Matarlos! ¡Matarlos!

FELICIANO.—(Dentro.) ¡Dominica! ¡Dominica!

DOMINICA.—(Viendo entrar a Feliciano.) ¡Ay Dios mío, que es él! Que no es de cuidao... ¿Qué ha sío..., qué te pasa..., qué ha sío?...

ESCENA XI

DICHOS, FELICIANO y PILARO

FELICIANO.—Naa; ya lo ves... ¿Qué te habían dicho? ¡Qué cara tenéis toos!...

DOMINICA.—¿Qué cara hemos de tener?

MARÍA JUANA.—No preguntes. Yo le diré too. José te vió salir anoche de la Umbría; José cree que venías por mí.

DOMINICA.—José sabe que has venío otras noches..., ya que anoche no llegaste a venir.

MARÍA JUANA.—Eso es todo... Y a mí no quieren creerme.

FELICIANO.—¡Estáis locos! Ni por soñación ha pasao naa de eso... Ni yo he venío ninguna noche al pueblo, ni anoche venía...

JOSÉ.—Anoche... No sabemos...

FELICIANO.—Pilaro lo sabe. ¿Ánde íbamos anoche?...

PILARO.—Ande otras noches... ¿Pueo decirlo?

FELICIANO.—¡Claro que sí!...

PILARO.—Pues íbamos a los Molinos.

GUBESINDA.—¿No decía yo? Por la Eufemia, que es la de ahora...

FELICIANO.—Ya lo he dicho... Ya lo sabéis too.

JOSÉ.—¡No lo creo!

DOMINICA.—¡Yo tampoco!

FELICIANO.—¡Pues allá vosotros! ¡A mí naa me importa!

MARÍA JUANA.—No, Feliciano, que yo no puedo permitir de perder mi honra...

FELICIANO.—Pues si no basta que se les diga y que tú y yo lo sepamos...

MARÍA JUANA.—Yo he jurao por too lo más santo.

FELICIANO.—Y por lo más santo lo juro si quieren...

JOSÉ.—¿Qué hacen juramentos?

DOMINICA.—¡Sí que pue jurarlo!... ¡Y mia lo que vas a hacer si juras en falso..., júralo!...

FELICIANO.—Por mi madre, por lo más santo, por too...

DOMINICA.—Toavía más... ¡Júralo por tu hijo! ¡El único que pues decir que es tuyo, porque es mío tamién!

FELICIANO.—¿Qué estás diciendo?

DOMINICA.—¿No lo has oído? Por nuestro hijo, nuestro, de los dos. ¡Éste sí que es mío!

FELICIANO.—¿Qué dices?...

GUBESINDA.—¡Que es verdad! ¡Que ésta es la alegría más grande del mundo!

FELICIANO.—Ties razón... Pues por mi hijo lo juro..., y que no nazca si miento, y si nace y no he dicho verdá, que llegue día en que levante la mano contra mí por mal padre... ¿Queréis más juramento?

DOMINICA.—No; yo te creo, te creo... No se pue mentir pa que Dios castigue en un hijo... Ties que creerle, José... Di que le crees, no estés con ese ceño. ¡Ha jurao por mi hijo!...

JOSÉ.—¡Por eso lo creo, porque es tuyo!...

MARÍA JUANA.—¡Por mí debiste creerlo antes sin jurarlo naide!

DOMINICA.—¡Ya estoy tan contenta! ¡Cómo soy! Que tú al fin y al cabo ya sabes que no fué tu mu-

jer..., pero yo... ¡Buen consuelo! Si no ha sío ella,
de toas maneras ha sío otra...

FELICIANO.—¡Que me importa a mí mucho!...

DOMINICA.—Sí; a ti ninguna te importa, a ninguna quieres..., pero la del otro: "no quiero, no
quiero, échamelo en el cepillo." Pero no creas que
voy a pasar por más...; ya no es por mí sola, que
tengo que mirar por nuestro hijo..., y muchas cosas que no había mirao nunca; que he tenío la culpa más de cuatro veces; que cuando tú no habías
reparao que alguna te quería, era yo la que te ha-
cía reparar. Me paecía a mí que el que toas te quisieran era un modo de ecirme que yo tenía que
quererte más que toas juntas pa ser más que toas
ellas. Pero no será así de aquí en adelante... Y toa
esa gente de la Umbría y de la dehesa, too eso se
ha acabao; ya están despedíos...

ESCENA XII

DICHOS, la POLA, la JORJA y los dos chicos. Se han
asomado a la puerta antes de escuchar lo anterior

POLA.—*(Al oír las últimas frases de la Dominica.)* ¡Ay Virgen!

JORJA.—¡Jesús, Dios mío!

DOMINICA.—Pero ¿tenéis vergüenza de presentaros delante de mi vista? ¡Ahora veréis! Ahora
os lo dirá el amo...

FELICIANO.—¿No lo has dicho tú? ¡Basta!

DOMINICA.—¡Largo, largo!

POLA.—Señora ama...

JORJA.—¡Hijos de mi vida! ¿Qué será de nosotros?

GUBESINDA.—¡Dominica! Se quedaron escondías, aguardando que te pasara el enfado... Pero ya veo que sigues en las mismas...

DOMINICA.—Pues ¿qué habíais crío, que era hablar por hablar?...

GUBESINDA.—Mira, Dominica; ya sabes que yo he sío la primera en decirte siempre que no tenías que haber pasao por muchas cosas...; pero ahora, ¿qué quies que te diga? Tanto peca lo más como lo menos... ¿Ánde irán estos pobres? ¿Y estas criaturas?... Y que ahora es cuando menos puedes no compadecerte de ellas... ¡Quién sabe si el darte Dios un hijo ha sío mirando lo buena que eras pa los que no eran tuyos!...

DOMINICA.—Ties razón, ties razón. No vaya Dios a castigarme y me deje sin él... No... Pa qué vamos a cambiar naa... Sí, el modo de pensar pue cambiarse, pero no cambian los sentimientos de una.

POLA.—¿Qué determina?

GUBESINDA.—¡Callarse! ¡Que too se arreglará!

DOMINICA.—Agradecer... No sé a quién deciros.

GUBESINDA.—¿A quién ha de ser? ¡Alma de Dios! ¡Madrota! ¡Si has nació pa ser madre de toos!

DOMINICA.—¡Cuando le vea como a éstos..., como éste, que es el más parecío!...

FELICIANO.—(A José y María Juana.) Hoy coméis con nosotros, ¿verdá, Dominica? Que hoy es día de fiesta en esta casa, que ya tie amo pa heredarla...

MARÍA JUANA.—Si de ésta no eres otro hombre...

FELICIANO.—Así de ésta y de pronto, no digo yo... pero, vamos, que el muchacho ha de tirarme algo...

GUBESINDA.—Pero toos y que ha de ser muchacho, y a mí se me ha puesto y que ha de ser chica.

FELICIANO.—Pa que se parezca a su madre, ¿verdá?

GUBESINDA.—Eso es lo malo, que como tie que tener de uno y de otro... Si es chico y la cara sale al padre y el natural a la madre, bien está... Pero si es chica y sólo sale en la cara a la madre y el natural al padre..., ¡Dios me asista!

DOMINICA.—¡Qué cosas dices! ¡Y qué pensar, si tié que ser lo que Dios quiera!

FELICIANO.—¡Anda! ¿Qué música es ésa?

GUBESINDA.—La que gobierna mi marío... Ya decía yo. ¿Ánde habrá salío éste sin decir palabra? Y eso ha sío que como oyó lo del chico y nos vió a toos tan alegres, se ha traío la música para cantarles alguna copla.

FELICIANO.—Pues ya podéis emborracharlos a toos y que toos se alegren con nuestra alegría... *(Cantan dentro.)*

Bendita sea esta casa
y el albañil que la hizo,
por fuera tiene la gloria
y por dentro el paraíso.

(Entran el tío Beba, Pilaro y mozos con guitarras)

FELICIANO.—Venid con Dios, muchachos... Darles vino...

TODOS.—¡Enhorabuena! ¡Que ya se sabe too!

UNOS.—¡Viva el señor Feliciano!

OTROS.—¡Viva la señá Dominica!... ¡Vivan! ¡Vivan!

BEBA.—¡Y viva...! ¿Cómo le pondremos?...

DOMINICA.—Que perdone el santo del día, pero yo le pongo Feliciano.

BEBA.—Pues, ¡viva Feliciano!

TODOS.—¡Viva! *(Cantan.)*

Señores, ustés perdonen:
labrador es el que canta;
con el polvo de la tierra
tengo seca la garganta.

UNO.—Bien cantá y pedía la bebida...; tomar vino... Vaya, de hoy en muchos años...

FELICIANO—Bueno, muchachos, que vosotros vais a vuestro asunto, que es festejar a las mozas y reunirlas pa el baile... ¡Muchas gracias a toos! ¡Y ya veréis lo que se arma el día del bautizo!

BEBA.—¡Echar la despedida! *(Cantan.)*

Feliciano es un clavel
y una rosa Dominica;
con el corazón y el alma,
les damos la despedida.
Voy a echar la despedida,
la que echó Cristo en Belén:
El que aquí nos juntó a todos
nos junte en la gloria. Amén.

TODOS. — ¡Con Dios!... ¡Enhorabuena!... ¡Vivan!... ¡Con Dios, y gracias!

DOMINICA.—¡Gracias a todos! *(Señalando a Feliciano.)* ¡Míralo, está llorando! ¡Feliciano! ¿Qué, lloras?

FELICIANO.—¡Qué sé yo! Mia tú esa copla, si la tendré oída veces; pues hoy me ha parecío..., he pensao que tie que llegar ese día..., pueo yo morir-

me antes, pues ser tú..., de cualquiera de las maneras es separarse..., y así de too lo que uno quiere
en la vía..., los padres..., los hijos..., los hermanos...
Y no pue ser que sea pa siempre... *(Se oye la música y la copla última a lo lejos.)*

DOMINICA.—No... ¡Bien dice esa copla! ¡El que
aquí nos juntó a toos, nos junte en la gloria, amén!
¡Y así tie que ser, que naa malo hemos hecho en
este mundo!

FELICIANO.—¿Yo? ¡Ya ves! ¡El que haiga podío
a ti hacerte!...

DOMINICA.—¡Anda, por eso!... Si yo te he perdo-
nao y soy tu mujer... ¿Qué tie que hacer Dios más
que perdonarte?... *(Telón.)*

FIN